UNIVERS PORT-ROYAL
sous la direction de Jean Lesaulnier
3

Jacqueline Pascal (1625-1661)

Ouvrage publié avec le concours du Centre national du Livre

Réimpression de l'édition de Paris, 2002.

Frédéric Delforge

Jacqueline Pascal (1625-1661)

Biographie

Préface de Jean Lesaulnier

PARIS
CLASSIQUES GARNIER
2016

Frédéric Delforge (1919-2002), titulaire d'une maîtrise en théologie (1948), fut pasteur de l'Église réformée de France. Il a publié plusieurs ouvrages de catéchèse et d'histoire de l'Église dont *Les Petites Écoles de Port-Royal* (Paris, 1985), *La Bible en France et dans la francophonie* (Paris, 1991), et est l'auteur de plusieurs notices du *Dictionnaire de Port-Royal* (Paris, 2004).

ISBN 978-2-406-06846-4 (livre broché)
ISBN 978-2-406-06847-1 (livre relié)
ISSN 1636-7332

Préface

« Jacqueline Pascal, c'est Port-Royal tout entier, avec ses qualités et ses défauts. Jeune, spirituelle, fort recherchée, et déjà l'idole des plus brillantes compagnies, elle a tout quitté, même son vieux père et son frère malade, pour se donner à Dieu ; elle est entrée en religion à vingt-six ans, et elle est morte à trente-six, de douleur et de remords d'avoir signé un formulaire équivoque par pure déférence à ses supérieurs. »

Ces lignes ont été écrites voilà plus d'un siècle et demi. Leur auteur, Victor Cousin, lointain prédécesseur de Frédéric Delforge, est l'un des hommes qui, au XIXe siècle, ont le plus contribué à faire connaître Pascal, mais aussi nombre d'héroïnes liées à Port-Royal, telles que la duchesse de Longueville et la marquise de Sablé, Madame d'Hautefort et Madame de Chevreuse. Port-Royal, écrit Cousin, « est peut-être le lieu du monde qui a enfermé dans le plus petit espace le plus de vertu et de génie, tant d'hommes et de femmes dignes d'eux ». Il ajoute : « Ce sont même les femmes qui nous frappent le plus à Port-Royal. »

Dès 1844, le savant critique consacre une précieuse biographie à Jacqueline Pascal, « la sœur bien aimée de l'un des personnages les plus extraordinaires du XVIIe siècle », digne représentante « des femmes de la première moitié du siècle, ces contemporaines de Richelieu, de Descartes et de Corneille, qui n'étaient point des femmes auteurs, mais qui avaient infiniment d'esprit, avec la force et la fraîcheur et la grandeur partout répandues (...). Jacqueline Pascal est au premier rang de ces femmes pour lesquelles nous ne dissimulons pas toutes nos préférences ».

Victor Cousin retrace l'histoire de la famille Pascal ; il donne à lire et à méditer les poèmes de Jacqueline, son *Écrit sur le mystère de la mort de Notre Seigneur Jésus-Christ*, ses lettres à son père, à son frère Blaise, à sa sœur et à ses nièces, son

Règlement pour les enfants, sa correspondance avec les grandes abbesses de Port-Royal Angélique et Agnès Arnauld. Est-ce à dire qu'avec un tel ouvrage tout soit dit sur notre héroïne ?

Depuis Cousin, les études pascaliennes connaissent un essor considérable. Si Port-Royal et le jansénisme ont bénéficié des savantes recherches de Jean Orcibal, la personnalité et les œuvres de Pascal ont été éclairées par l'immense travail de Jean Mesnard. En 1951, le jeune chercheur universitaire se propose de « redonner tout Pascal à lire », ainsi que l'écrit un journaliste, « de repartir à zéro et, pour toute documentation, de remonter à la source. Un travail de Romain. Une folie ». Une aventure colossale, facilitée par une capacité de travail peu commune. « C'est le charme de Pascal lorsqu'on l'étudie à vingt ans, sans savoir vers quoi se diriger : histoire, philosophie, lettres, dira Jean Mesnard. Avec lui, on approche tout. »

Selon un plan fixé dès le départ, les ouvrages se succèdent sous le titre d'*Œuvres complètes* de Pascal : quatre jusqu'à présent, auxquels viendront s'adjoindre deux volumes consacrés, l'un aux *Provinciales* et l'autre, aux *Pensées*, ainsi qu'un septième à l'héritage de Pascal. Une somme impressionnante de documents de toutes sortes. Dans un compte rendu du tome I (1964) de ce qu'il appelle « l'édition monumentale de J. Mesnard », Jean Orcibal faisait déjà, en 1966, dans les *Chroniques de Port-Royal*, cette observation : « Il est le premier à avoir appliqué à la totalité de l'œuvre de l'auteur le plus difficile de cette période la méthode qui était restée longtemps l'apanage de la philologie de l'Antiquité. Il a dressé (...) un tableau généalogique d'une complexité inouïe des textes dépendant de la tradition familiale. Mais la solidité de l'édifice que J. Mesnard va édifier était à ce prix. »

La « richesse » et la « nouveauté inouïes de la documentation », pour reprendre les termes employés par Jean Orcibal, à propos de l'ouvrage de Jean Mesnard intitulé : *Pascal et les Roannez* (1965), comme la « prudence » et la « modestie qui font préférer des matériaux sans apparence, mais plus sûrs », la « facture classique », la « clarté extrême » de l'exposé, ne sauraient faire oublier le prix attaché par le critique à la beauté de l'œuvre et à la profondeur de la pensée. « C'est la phrase de Pascal qui m'a séduit. Je me souviens avoir recopié le début des *Deux infinis* parce que je trouvais cela beau », dit Jean Mesnard, pour qui le *Mémorial* du 23 novembre 1654, est « une sorte de calligramme ».

Au cœur de l'édifice ainsi élevé, auquel Frédéric Delforge puisera avec beaucoup de bonheur, Jacqueline Pascal occupe une place de choix, avec ses combats et ses doutes, ses émerveillements et ses rudesses, ses obstinations et ses traits de génie. Méditant sur Jésus, « mort à la croix, élevé au-dessus de tout le monde, ayant à ses pieds tout, et sa sainte Mère même », la sœur Jacqueline écrit : « J'apprends de là que mon cœur doit être au-dessus de toutes les choses de la terre, et que par cet élèvement d'esprit, qui n'est pas orgueilleux mais céleste, je dois regarder comme au-dessous de moi ce qu'il y a de plus grand et de plus aimable, parce que, comme je ne me dois glorifier qu'en la croix de mon Sauveur, je ne dois aussi rien estimer qu'elle » (extrait de l'écrit sur la mort de Jésus-Christ).

« Cet écrit, dans sa sobriété, son austérité, dans sa rigueur et sa monotonie voulues, note Jean Mesnard, est peut-être le plus beau qui soit sorti de la plume de Jacqueline. Les éditeurs de 1757 le comparent aux *Pensées* de Pascal et soulignent, un peu artificiellement, ce rapport par le titre qu'ils donnent à l'écrit. Des rapprochements s'imposent, de toute manière, avec l'*Abrégé de la vie de Jésus-Christ* et avec le *Mystère de Jésus.* » Que peut-on dire de plus et de mieux sur cette jeune femme dont le savant bénédictin Charles Clémencet se plaisait à souligner « la beauté du génie » ?

Un récent ouvrage vient relayer les *Œuvres complètes* de Pascal, sous le titre : *Chronique des Pascal. « Les affaires du monde » d'Étienne Pascal à Marguerite Périer (1588-1733)* : il est signé de Régine Pouzet. L'auteur y met en évidence la complexité des relations entre les membres de la famille Pascal, mais aussi l'originalité de chacun d'entre eux. Jacqueline y apparaît souvent, attentive aux souhaits de son père et de son frère, mais résolue et tenace pour réaliser son projet de devenir religieuse, sensible et docile aux conseils de la mère Agnès, mais combative et énergique face aux théologiens. La saga familiale retracée, avec une rare pertinence, par Régine Pouzet fait écho au plus ancien témoignage que nous possédions sur Jacqueline Pascal, c'est-à-dire à sa *Vie* composée par sa sœur Gilberte Périer.

Une *Vie* qui a servi de source et de support précieux à la biographie de Frédéric Delforge. Avec ce nouvel ouvrage, le lecteur cultivé dispose désormais d'une synthèse approfondie, sûre et élégante, sur l'une des personnalités les plus attachantes de Port-Royal et du XVIIe siècle. Le récit de la vie de Jacqueline se déroule sous nos yeux depuis sa naissance, le 5 octobre 1625, à Clermont, jusqu'à sa mort, la veille de ses trente-six ans, au monastère de Port-Royal des Champs, sous l'habit de religieuse cistercienne et sous le nom de sœur Jacqueline de Sainte-Euphémie. « La principale richesse de votre maison, lui écrit un jour la mère Angélique Arnauld, c'était l'amitié et l'union si étroite qui rendait toutes choses communes entre vous, et dans laquelle vous vous y reposiez sans y penser ». Une amitié et une union simplement humaines, dont la jeune femme fera le ciment de sa quête spirituelle au sein d'une communauté vivante, mais souvent en proie aux accusations du dehors et au doute intérieur.

Il aurait été tentant pour le biographe de se satisfaire d'une relation chronologique de faits plus ou moins connus, de rétablir une date exacte, comme celle du baptême de Jacqueline, et d'inciter à lire la relation précise et vivante qu'elle dresse de l'une des deux rencontres de son frère Blaise et de Descartes, en septembre 1647. Notre auteur parcourt pas à pas cet itinéraire peu ordinaire d'une orpheline de mère, d'une fille très attachée à son père, mais trop respectueuse des contraintes familiales pour ne pas lui demander son autorisation d'entrer au couvent, d'une sœur dévouée corps et âme à Blaise, auquel elle fera admettre les conséquences de ses choix et de son exigence intérieure. Frédéric Delforge présente et commente de nombreuses lettres de Jacqueline à sa famille, aux mères de Port-Royal auxquelles elle exprime sa confiance avant et après sa profession solennelle comme religieuse : telle cette longue lettre composée le 10 juin 1653, cinq jours après l'engagement définitif de la jeune fille, une *Relation* « riche d'enseignements, écrit Jean Mesnard, pour la connaissance de Blaise comme pour celle de Jacqueline ».

On aurait tort en effet de ne pas lier les destins du frère et de la sœur. Notre biographe le sait mieux que quiconque, lui qui a publié un ouvrage intitulé : *Les petites écoles de Port-Royal* (1985), et qui a longtemps travaillé sur l'histoire de l'abbaye, et médité le livre des *Pensées*. « Il est certain que de 1646 à son entrée à Port-Royal de Paris le 4 janvier 1652, écrit Frédéric Delforge, dans un article sur « le ministère pédagogique de Jacqueline » (*Chroniques de Port-Royal*, 1982), Jacqueline Pascal a connu l'effort pédagogique de Port-Royal et qu'elle a longuement réfléchi à l'aspect pédagogique du témoignage chrétien ». Chargée de la formation des filles et des novices dans un monastère, où on les élevait à la piété et où « on prenait aussi un grand soin de leur former l'esprit et la raison », selon les termes de Jean Racine, la sœur Jacqueline de Sainte-Euphémie aurait pu être élevée aux plus hautes charges de prieure et d'abbesse, si la mort n'était venue interrompre son parcours. Pour elle, comme pour son frère, seule compte la foi, au « Dieu d'Abraham, Dieu d'Isaac, Dieu de Jacob, non des philosophes et des savants (...), Dieu de Jésus-Christ ». Si Jacqueline n'a pas connu le *Mémorial*, cousu par son auteur dans son propre vêtement, sa proximité intellectuelle et spirituelle avec Blaise lui fait écrire à son frère le 19 janvier 1655 : « J'ai autant de joie de vous trouver gai dans la solitude que j'avais de douleur quand je voyais que vous l'étiez dans le monde. Je ne sais néanmoins comment M. de Sacy s'accommode d'un pénitent si réjoui, et qui prétend satisfaire aux vaines joies et aux divertissements du monde par des joies un peu plus raisonnables et par des jeux d'esprit plus permis, au lieu de les expier par des larmes continuelles. »

La biographie de Frédéric Delforge se mue peu à peu en biographie spirituelle. On a dit son héroïne douée de tous les dons de la nature : dans ses lettres et ses écrits, elle se montre habile et respectueuse, spontanée et passionnée, fière et ombrageuse, modeste et orgueilleuse. L'une des leçons de l'ouvrage si attachant de notre auteur ne serait-elle pas simplement que nous sommes en présence d'une rebelle apprivoisée par la grâce ? Œuvre de réflexion sur la destinée humaine, le livre de Frédéric Delforge, qui, disparu récemment, n'aura pu voir son ultime réalisation, mérite le succès que doivent lui valoir sa modestie et sa profondeur.

Jean Lesaulnier

Avertissement de l'éditeur

Les astérisques contenus dans le texte renvoient tous au glossaire que l'on trouvera en fin de volume (p. 135).

De nombreuses références sont faites à l'ouvrage intitulé *Blaise Pascal, Œuvres complètes*, texte établi, présenté et annoté par Jean Mesnard, Paris, Desclée de Brouwer, t. I, 1964, t. II, 1970, t. III, 1991, t. IV, 1992. Aussi, dans ses notes, reportées à la fin de l'ouvrage, l'auteur y renvoie de la manière suivante :

tome I, 1964, cité ici : I,
tome II, 1970, cité ici : II,
tome III, 1991, cité ici : III,
tome IV, 1992, cité ici : IV.

Introduction

Depuis la mort de Blaise Pascal (1623-1662), les études qui le concernent se comptent par milliers. Quant à Jacqueline Pascal (1625-1661), sœur cadette de Blaise, bien peu de travaux lui ont été consacrés. C'est seulement en 1844 que paraît l'important volume de Victor Cousin : *Jacqueline Pascal*, Paris, Didier et Cie (6e, 1878). Depuis n'ont été publiés que des articles ou des ouvrages de seconde main, à deux exceptions près.

Dans : *Deux grandes figures d'Auvergne. Gilberte et Jacqueline Pascal, Chroniques de Port-Royal*, 1982, n° 31, actes du colloque qui s'est tenu à Clermont-Ferrand du 9 au 11 octobre 1981 sur le même thème, se trouvent cinq exposés spécifiquement consacrés à Jacqueline Pascal.

Les volumes I à IV de *Blaise Pascal, Œuvres complètes,* texte établi, présenté et annoté par Jean Mesnard, Paris, Desclée de Brouwer, tomes I, 1964, II, 1970, III, 1991, IV, 1992, publient tous les textes connus relatifs à Jacqueline Pascal avec les introductions et les commentaires nécessaires. Un tel travail a permis de rédiger une biographie de Jacqueline Pascal utilisant des documents sérieux qui renouvellent la vision d'une vie passionnée et passionnante.

S'il est vrai que Jacqueline a parfois vécu dans l'ombre de son frère, les travaux contemporains mettent souvent en relief ce que Jacqueline doit à Blaise et ce que Blaise doit à Jacqueline. Les destins du frère et de la sœur, unis par « un même cœur », sont étroitement liés. En même temps ils diffèrent sensiblement, et Jacqueline apparaît comme une des femmes les plus remarquables du XVIIe siècle.

CHAPITRE PREMIER

La découverte du siècle, 1625-1645

« La principale richesse de votre maison, c'était l'amitié et l'union si étroite qui rendait toutes choses communes entre vous, et dans laquelle vous vous reposiez sans y penser [1]. » C'est ainsi que la mère Angélique Arnauld exprime en 1653 à Jacqueline Pascal le privilège qu'elle a connu durant sa jeunesse : l'affection d'une famille remarquable en bien des points.

Une famille unie, affectueuse, paisible

Jacqueline Pascal est la quatrième enfant du foyer fondé par Étienne Pascal et Antoinette Begon, tous deux bien enracinés dans leur Auvergne natale. Son père, fils de Martin Pascal et de Marguerite Pascal de Mons, naît à Clermont le 2 mai 1588 et passe son enfance dans le cadre de la paroisse Saint-Genès, au sud de la cathédrale. Sa famille est originaire de Cournon, bourg riverain de l'Allier, à 8 kilomètres au sud-est de Clermont.

Étienne Pascal, instruit par son propre père durant son enfance et son adolescence, fait des études de droit à Orléans et/ou à Paris. Le 22 juillet 1610, il obtient les provisions de l'office d'élu en l'élection du Bas-Auvergne, à Clermont [2]. Étienne épouse Antoinette Begon au plus tard début 1614. Baptisée le 10 avril 1596, Antoinette Begon est la fille de Victor Begon, marchand-bourgeois de Clermont (d'une famille originaire de Gerzat, à 8 kilomètres au nord de Clermont) et d'Antoinette Fontfreyde, née dans la plus ancienne bourgeoisie de Clermont.

Le 20 février 1614, Étienne acquiert deux corps de logis dans l'hôtel de Langhac, construit au siècle précédent, rue des Gras, à proximité de la cathédrale. Ce logis voit naître les cinq enfants du couple. Une fille, Anthonia, est baptisée le 24 décembre 1617 dans l'église Saint-Pierre de Clermont [3]. Elle meurt certainement en bas âge, aucun document n'en faisant mention par la suite. Un autre enfant, né en 1619, meurt après son baptême. Une fille, Gilberte, probablement née le 1er janvier 1620, est baptisée le 3 janvier 1620, aussi dans l'église Saint-Pierre de Clermont. Son parrain est « noble Jean Begon, conseiller élu pour le Roi en l'élection du Bas-Auvergne à Clermont », son oncle maternel, et sa marraine, « damoiselle Gilberte Pascal », sa tante paternelle [4]. Un garçon, Blaise, naît le 19 juin 1623. Il est baptisé le 27 juin 1623, également dans l'église Saint-Pierre de Clermont, avec pour parrain « noble Blaise Pascal, conseiller du roi en la sénéchaussée et siège présidial d'Auvergne audit Clermont », son oncle paternel, et pour marraine « dame Antoinette Fontfreyde », sa grand-mère maternelle [5].

Le 1er janvier 1624, Étienne Pascal devient premier échevin de la ville de Clermont. Le 9 janvier 1625, il donne sa démission d'élu et achète, le 26 juin 1625, pour 31 600 livres la charge de second président à la Cour des Aides de Montferrand [6]. Ce qui lui permet d'ajouter à son nom l'épithète « noble ».

5 octobre 1625. Naissance de Jacqueline Pascal

Jacqueline naît le 5 octobre 1625. Son acte de baptême en l'église Saint-Pierre de Clermont mentionne cette date : « Le 5e jour d'octobre avant midi naquit Jacquette Pascal, fille à noble Étienne Pascal, conseiller du roi, président en la Cour des Aides à Montferrand, et à damoiselle Antoinette Begon, et a été baptisée ladite Jacquette le 10e dudit mois en la même année. A été parrain noble Bremond Pascal, marraine damoiselle Jacquette Durant [Durand], consorte à noble [Jean] Begon, conseiller élu pour le roi en l'élection d'Auvergne à Clermont [7]. » Son oncle paternel est donc son parrain. Sa marraine, Jacquette Durand, est l'épouse de Jean Begon, son oncle maternel.

Comme Jacquette, le prénom qui lui est donné, évoque des vêtements d'époque, la famille préfère l'appeler Jacqueline, prénom qui l'accompagnera toute sa vie.

1625-1631. L'enfance clermontoise

Comme Gilberte et Blaise, Jacqueline vit sa première enfance à Clermont, qui compte alors de 9 000 à 10 000 habitants. La ville, perchée et fortifiée, garde son allure médiévale. Les rues, à deux ou trois exceptions près, sont étroites et tortueuses, souvent nauséabondes et mal pavées. La natalité continue à être forte. La mortalité infantile fait des ravages. Des épidémies creusent périodiquement les rangs de la population.

Clermont connaît, au début du XVIIe siècle, une vie religieuse renouvelée, qui se marque par une fréquentation plus assidue des offices, la réforme des ordres religieux anciens et la création d'ordres nouveaux. Sous l'épiscopat de Joachim d'Estaing (1615-1650), élu le 12 janvier 1615, consacré le 31 mai 1615, une trentaine de couvents sont fondés en Auvergne. Les prédications se renouvellent, les fondations pieuses se multiplient. Comme la plupart des Français du temps, la famille Pascal pratique la foi catholique romaine selon les traditions et les rites établis, sans qu'il soit question d'une ferveur particulière. La charité et la solidarité chrétiennes s'expriment surtout par le soin des pauvres et des orphelins, alors fort nombreux. Mme Étienne Pascal, « très pieuse et très charitable » au dire de Marguerite Périer, est ainsi marraine d'un enfant prénommé Martial, lors de son baptême en l'église Saint-Pierre, le 8 janvier 1624. Le parrain de ce garçon, probablement abandonné, est le vicaire de Saint-Pierre, Martial Brousse. Ces pratiques, bien enracinées dans la famille Pascal, ne semblent pas incompatibles avec une vie mondaine liée aux importantes fonctions d'Étienne Pascal et aux nombreuses relations familiales ou amicales.

Étienne Pascal est solennellement reçu second président de la Cour des Aides de Montferrand le 30 avril 1626. Homme de vaste culture, bon connaisseur du grec et du latin, juriste compétent, il s'intéresse surtout aux sciences physiques et mathématiques. Cette même année 1626, il perd son épouse. Refusant d'envisager la mise en pension de ses enfants, récusant toute idée de préceptorat, il décide de ne pas se remarier et d'éduquer lui-même Gilberte (6 ans), Blaise (3 ans) et Jacqueline (encore bébé).

Novembre 1631. L'installation à Paris

En 1631, toute la famille quitte Clermont-Ferrand pour s'installer à Paris. Gilberte écrit dans *La vie de Jacqueline Pascal*: « Mon père se retira à Paris en novembre 1631 », signifiant par là qu'Étienne Pascal s'installe alors de façon définitive dans la capitale et vend dès qu'il le peut ses biens auvergnats. Le 20 octobre 1633, il cède à son frère Blaise sa maison de Clermont-Ferrand, rue des Gras [8]. Comme il est toujours second président de la Cour des Aides de maintenant, installée à Clermont-Ferrand, il lui faut faire de fréquents voyages en Auvergne. Ne voulant plus partager son temps entre Paris et Clermont-Ferrand, il abandonne sa charge à son frère Blaise, qui en prend possession le 14 novembre 1634.

Dans les premiers temps de leur arrivée à Paris, les Pascal vivent provisoirement rue des Juifs (aujourd'hui rue Ferdinand-Duval), paroisse Saint-Gervais, en bordure du Marais [9]. Dès le 7 décembre, Étienne Pascal acquiert le droit au bail d'une maison sise rue de la Tixeranderie (ou Tisseranderie), au loyer de 440 livres * par an [10]. Le 1er janvier 1632, toute la famille s'installe en fait rue Violette, dans une impasse appelée aussi cul-de-sac Saint-Faron, qui s'ouvre par une porte vers le milieu de la rue de la Tixeranderie. Les Pascal deviennent paroissiens de Saint-Jean-en-Grève [11]. Étienne Pascal engage à cette époque une gouvernante, Louise Delfault, originaire de Coulommiers, qui va garder ses fonctions pendant près de vingt ans et jouer un rôle important dans la famille.

Après deux ans passés sur la rive droite, les Pascal vont vivre sur la rive gauche en 1634. Le 16 avril, jour de Pâques, toute la maisonnée s'installe rue Neuve Saint-Lambert, à l'emplacement de l'actuel 20 rue de Condé, à proximité du Luxembourg [12]. Étienne Pascal et les siens sont alors proches de personnalités qui deviennent vite des amis intimes: Mme Sainctot et son frère, le poète Dalibray, le mathématicien Jacques Le Pailleur, Mme de Combalet, nièce de Richelieu, future duchesse d'Aiguillon, qui demeure au Petit-Luxembourg. Un an plus tard, le 24 juin 1635, la famille retourne rive droite, rue Brisemiche, en un logis dont le loyer est réglé jusqu'au 1er octobre 1648 [13]. En face de ce domicile se trouve l'hôtel appartenant aux Hennequin. Marie, la fille de Nicolas Hennequin, a épousé en 1625 l'héritier de la maison des Roannez, Henri Gouffier, marquis de Boisy. De ce mariage naissent plusieurs enfants, dont Marguerite-Henriette (1626), Artus, futur duc de Roannez (28 août 1627) et Charlotte, future duchesse de La Feuillade (15 avril 1633). D'amicales relations se nouent entre les deux familles [14].

Étienne Pascal, se trouvant à Paris sans aucune charge, donc entièrement libre, consacre beaucoup de temps aux mathématiques et à la physique. Sa réputation scientifique s'affermit. Richelieu en fait, le 6 février 1634, un des cinq commissaires chargés de juger l'invention de Jean-Baptiste Morin, professeur de mathématiques au Collège de France depuis 1630, relative aux longitudes. En 1635, Étienne Pascal devient un des premiers membres de l'académie* Mersenne, «la plus noble académie du monde» fondée à l'initiative du minime Marin Mersenne, avec Mydorge, Hardy, Roberval, Desargues, Le Pailleur et quelques autres savants.

L'apprentissage de la lecture

Étienne Pascal, qui prend grand soin du développement physique, intellectuel, moral et religieux de ses enfants, partage leur vie en les faisant participer à la sienne. Jacqueline, la petite dernière, est l'objet d'une attention particulière. Dans sa *Vie de Jacqueline Pascal,* Gilberte donne quelques détails sur l'enfance de sa sœur: «Et comme j'avais six ans plus qu'elle, je me souviens que dès qu'elle commença à parler elle donna de grandes marques d'esprit. Elle était outre cela parfaitement belle, et d'une humeur douce et gaie la plus agréable du monde, de sorte qu'elle était autant aimée et caressée qu'un enfant le peut être [15].» Malgré la mort de sa mère, Jacqueline est entourée d'affection et de caresses. Son père, sa sœur, son frère, Louise Delfaut sont là, attentifs, prévenants.

Quand Jacqueline atteint ses sept ans, Étienne Pascal demande à Gilberte de l'initier à la lecture. Celle-ci semble avoir rencontré quelques sérieuses difficultés : « On commença à lui apprendre à lire à l'âge de sept ans ; et, comme mon père m'avait chargée de ce soin, je m'y trouvais fort empêchée car elle y avait une grande aversion, et quoi que je pusse faire, je ne pouvais obtenir d'elle qu'elle vînt dire sa leçon. » Selon quelle méthode ? Aucune précision n'est fournie à ce sujet. Quand on songe aux efforts qu'entreprendront plus tard Blaise et Jacqueline pour mettre au point une nouvelle manière d'apprendre à lire aux enfants, il est permis de penser que les techniques employées en la maison familiale n'avaient pas laissé des souvenirs très heureux à Blaise et à Jacqueline.

Un jour Gilberte découvre que sa sœur réagit aux vers qu'elle lit tout haut. Et Jacqueline de dire à son aînée : « Quand vous voudrez me faire lire, faites-moi lire dans un livre de vers : je dirai ma leçon tant que vous voudrez. » Gilberte est surprise, n'imaginant pas qu'une enfant de sept ans puisse discerner les vers d'avec la prose. Elle répond à la demande de sa cadette. Les résultats dépassent ses espérances. Jacqueline apprend à lire, se met à parler en vers, en apprend par cœur, en rédige, s'initie aux règles de la versification. En fait l'éducation orale l'emporte sur l'écrit en ce qui concerne le français. Chez les Pascal, comme en de nombreux foyers de l'époque, la lecture à haute voix appartient à la tradition familiale. Ce qui rend les enfants sensibles au rythme de la prose et de la poésie. La réaction de Jacqueline n'apparaît donc pas comme un fait exceptionnel.

Gilberte, Blaise et Jacqueline ne sont pas isolés et repliés sur eux-mêmes par l'éducation paternelle qu'ils connaissent. Rue de Condé, ils se lient aux deux filles de Mme Sainctot, Anne et Catherine. En 1635, rue Brisemiche, deux enfants d'Henri Gouffier et de Marie Hennequin, Marguerite-Henriette (9 ans) et Artus (près de 8 ans) deviennent des compagnons de jeux et d'études. La petite Charlotte (un peu plus de 2 ans en 1635) les accompagnera par la suite.

Étienne Pascal s'absente plusieurs fois entre 1635 et 1639, en particulier à l'automne 1636 pour un voyage en Auvergne, en compagnie de Gilberte. Blaise est laissé à la responsabilité de Louise Delfault, tandis que Mme Sainctot s'offre à garder Jacqueline [16]. Étienne Pascal ne craint pas de la confier à une mondaine, connue pour ses liaisons avec Claude de Mesmes, seigneur d'Avaux, et pour sa passion pour Voiture. Jacqueline, Anne et Catherine Sainctot s'avisent de faire une comédie, dont elles composent le sujet et les vers sans aucune aide. Elles jouent deux fois cette pièce en cinq actes, avec d'autres acteurs choisis par elles. Il y a grande compagnie. Les salons parisiens en discutent et c'est « l'entretien de Paris pendant un long temps ».

Jacqueline atteint ses onze ans le 5 octobre 1636. Petite, mignonne, jolie, « bellotte » [17], elle est aimée de ceux qui l'entourent. À chacun elle manifeste une humeur joyeuse. Ses reparties sont heureuses. Le mode plaisant marque souvent les billets adressés à ses compagnes. Elle joue de tout cœur aux jeux de son âge, se réfugiant auprès de ses poupées dès qu'elle se trouve seule. Quand sa famille se rend au théâtre, Jacqueline participe à ce divertissement fort apprécié. Les auteurs à succès de l'année 1636 s'appellent Scudéry (*La Comédie des Comédiens*), Du Ryer (*Les Vendanges de Suresnes*), La Calprenède (*Mithridate*), Pierre Corneille (*L'Illusion comique*). Fin décembre 1637 et début de 1638 *Le Cid* draine un large public vers le théâtre du Marais. Le rôle de Rodrigue révèle le talent de Montdory [18], un Auvergnat ami des Pascal.

1633-1638. Les premiers vers

Les poésies de Jacqueline composées de 1633 à 1636 n'ont pas été conservées. Ses premiers vers connus sont datés de 1637 : deux *Rondeaux* (mai) et *Chanson sur l'air d'une Sarabande* (décembre). Viennent ensuite deux *Quatrains* de circonstance (1638), dont le second *Sur la naissance d'un fils à Mme la comtesse de Fleix*, la fille de la marquise de Senecey. Des *Stances acrostiches* dédiées à Mme de Morangis sont datées d'avril 1638. Les Barrillon de Morangis, qui habitent rue Simon-le-Franc, à proximité des Pascal, prennent grand plaisir aux visites de Jacqueline. Celle-ci écrit trois stances acrostiches à l'intention de Mme de Morangis, laquelle s'attache d'autant plus à Jacqueline qu'elle n'a pas d'enfant [19].

Jacqueline dédie, en mai 1638, une *Épigramme* « À M. le président Pascal, son père, « qui doit alors se cacher pour échapper à la Bastille. Le paiement des rentes sur l'Hôtel de ville est suspendu, les charges financières de la guerre avec l'Espagne étant trop lourdes pour les finances royales. Les rentiers lésés réagissent. Quatre cents mécontents [20] s'en prennent, le 24 mars 1638, à ceux qu'ils jugent responsables : le chancelier Pierre Séguier et l'intendant des finances Claude Cornuel. Trois d'entre eux sont embastillés le lendemain. Étienne Pascal arrive à se cacher chez des amis. Jacqueline lui exprime son affection, en mai 1638, par six vers assez pompeux qui apportent un peu de réconfort à Étienne Pascal. Selon Gilberte, il reçoit beaucoup de consolation de toutes les gentillesses de cette enfant, car il l'aime « avec une tendresse tout extraordinaire ».

Les amis d'Étienne Pascal ne l'abandonnent pas. Ils entreprennent des démarches en vue d'obtenir sa grâce. S'il a commis quelques actions un peu violentes et séditieuses, ce n'est pas un ennemi de la couronne, tant s'en faut. Pourtant le pardon se fait attendre. Jacqueline en est un des instruments, par ses vers et par le théâtre.

La *Gazette* de Théophraste Renaudot apprend à ses lecteurs que, le 30 janvier 1638, les princes, seigneurs et gens de condition sont allés « conjouir avec Leurs Majestés à Saint-Germain sur l'espérance conçue d'une très heureuse nouvelle », la grossesse de la reine. Après vingt-deux ans de mariage, le couple royal attend un enfant. La succession au trône paraît assurée.

Mme de Morangis se rend souvent à Saint-Germain pour faire sa cour à la reine. Elle suggère sans doute à Jacqueline d'écrire un poème au sujet de la grossesse d'Anne d'Autriche.

En mai 1638, Jacqueline rédige un sonnet, *À la reine sur le sujet de sa grossesse*, qui débute ainsi :

Sus, réjouissons-nous, puisque notre princesse
Après un si long temps rend nos vœux exaucés,
Et que nous connaissons que par cette grossesse
Nos déplaisirs sont morts et nos malheurs cessés.

Peu après elle rédige une *Épigramme sur le mouvement que la reine a senti de son enfant.* L'événement, qui date du 22 avril 1638, vaut bien quelques vers d'une enfant prodige :

Cet invincible enfant d'un invincible père
Déjà nous fait tout espérer ;
Et quoiqu'il soit encore au ventre de sa mère,
Il se fait craindre et désirer.
Il sera plus vaillant que le dieu de la guerre,
Puisqu'avant que son œil ait vu le firmament,
S'il remue un peu seulement,
C'est à nos ennemis un tremblement de terre.

Ces vers sont imprimés en 1638 avec les précédents dans une plaquette intitulée *Vers de la petite Pascal*, sans doute par les soins de Mme de Morangis. L'Épître dédicatoire *À la reine* commence par justifier la publication des vers de Jacqueline : « Madame, si l'on a mis au jour quelques copies de ces petits avortons indignes de la lumière, ç'a été sans aucune intention de les faire voir au public, mais pour ce qu'il eût été autrement très difficile de satisfaire à la curiosité de trop grand nombre de personnes qui les désirent, sans autre sujet sinon que c'est l'ouvrage d'une fille qui entre encore dans sa douzième année ; et si je les offre à Votre Majesté, ce n'est ni pour leur acquérir sa protection contre l'envie et la trop grande sévérité des critiques, car ils ne méritent ni envie ni censure ni protection, mais pour ce qu'ils sont véritablement vôtres, ayant déjà eu l'honneur de les présenter à Votre Majesté. »

Mme de Morangis décide d'offrir à la reine les vers de Jacqueline, avec le secret espoir d'obtenir la grâce d'Étienne

Pascal [21]. Elle mène donc l'enfant à Saint-Germain en mai 1638. Gilberte rapporte avec précision cette visite à la cour : « Comme elles y furent arrivées, la reine se trouvant alors occupée dans son cabinet, tout le monde se mit autour de cette petite à l'interroger et à voir ses vers ; et Mademoiselle [22], qui était alors fort jeune, lui dit : "Puisque vous faites si bien des vers, faites-en pour moi." Elle, tout froidement, se retire en un coin, et fit une épigramme pour Mademoiselle, où il y avait des choses qui faisaient bien voir qu'elle ne l'avait pas apportée toute faite, car elle parlait du commandement que Mademoiselle venait de lui en faire. Et Mademoiselle, voyant que cela avait été si tôt fait, lui dit : "Faites-en une aussi pour Madame d'Hautefort [23]." Elle fit à l'heure même une autre épigramme pour Madame d'Hautefort, qu'on voyait bien aussi qui était faite sur-le-champ, quoiqu'elle fût fort jolie. Peu de temps après, comme on eut permission d'entrer dans le cabinet de la reine, Madame de Morangis prit ma sœur et l'y mena. La reine fut toute surprise de ses vers, mais elle s'imagina d'abord qu'ils n'étaient pas d'elle, ou du moins qu'on lui avait beaucoup aidé. Tous ceux qui étaient là présents eurent la même pensée ; mais Mademoiselle leur ôta ce doute en leur montrant les deux épigrammes qu'elle venait de faire en sa présence et par son commandement. Cette circonstance augmenta l'admiration de tout le monde, et depuis ce jour-là elle fut souvent à la Cour et toujours caressée du roi, de la reine, de Mademoiselle et de tous ceux qui la voyaient » [24]. Jacqueline remercie Mme de Morangis de l'avoir « élevée au comble du bonheur » en lui dédiant des *Stances* (juin 1638) rappelant la présentation à la reine. Les douze vers sont « pareils en nombre » aux années de l'auteur.

Quelques-uns des autres poèmes de Jacqueline prennent place dans des recueils collectifs. Les deux *Rondeaux* de mai 1637 paraissent dans le *Recueil de divers rondeaux*, ouvrage publié en 1639 par le libraire Courbé, réédité en 1650. Jacqueline, sur la foi de sa famille et des amis qu'elle fréquente, s'imagine que ses vers la révèlent au monde comme une poétesse de premier plan. Son ambition lui cache la réalité, à savoir que ses vers sont faibles, souvent quelconques, et ne signalent pas un talent poétique de valeur, et encore moins exceptionnel. Comme l'écrit

Blaise : « Si l'on ne se connaît plein de superbe, d'ambition, de concupiscence, de faiblesse, de misère et d'injustice, on est bien aveugle [25]. »

En septembre 1638 une cruelle épreuve frappe la fillette de douze ans un peu grisée par son succès. La petite vérole la rend « malade à l'extrémité ». Son père, oubliant toutes ses craintes, vient à son chevet. Il ne la quitte pas, couchant même dans sa chambre. Jacqueline, un moment tout près de la mort, guérit pourtant de cette variole. Son visage reste cependant marqué de cicatrices indélébiles. Loin de regretter cet accident, elle le considère « comme une faveur » et rédige quelques vers pour remercier Dieu de ne pas lui avoir fini ses ans « dans leur plus bel avril » [26].

Oh ! que mon cœur se sent heureux,
Quand au miroir je vois les creux
Et les marques de ma vérole !
Je les prends pour sacrés témoins,
Suivant votre sainte parole,
Que je ne suis de ceux que vous aimez le moins.

Je les prends, dis-je, ô souverain !
Pour un cachet dont votre main
Voulut marquer mon innocence ;
Et cette consolation
Me fait avoir la connaissance
Qu'il ne faut s'affliger de cette affliction.

Ces vers de Jacqueline préfigurent ainsi la *Prière pour demander le bon usage des maladies* que rédigera Blaise peu de temps avant sa mort. Dans une lettre à son père, qui se trouve alors à Clermont-Ferrand, Gilberte donne, le 3 décembre 1638, des nouvelles de la santé et des sorties de Jacqueline. Elle lui apprend aussi que la reine, qui vient d'accoucher du futur Louis XIV le 5 septembre, a demandé des nouvelles de Jacqueline et exprimé sa tristesse en apprenant la maladie qui a touché l'enfant [27].

Les amis d'Étienne Pascal découvrent qu'ils font fausse route en s'adressant au roi et à la reine pour obtenir une grâce. Il faut toucher Richelieu. Et le mieux semble de faire intervenir Mme de Combalet, devenue duchesse d'Aiguillon le 19 mai 1638.

3 avril 1639. *L'Amour tyrannique*

Richelieu ayant eu « la fantaisie » [28] de voir jouer la comédie par des enfants, la duchesse d'Aiguillon cherche de jeunes actrices. Elle pense naturellement à Jacqueline et à la plus jeune des Sainctot. En l'absence d'Étienne Pascal, Gilberte doit prendre une décision. Après avoir consulté quelques amis, elle accepte l'idée de cette représentation chez le cardinal. Il s'agit de jouer *L'Amour tyrannique* de Georges de Scudéry. Montdory, compatriote et ami des Pascal, aide Jacqueline à apprendre le rôle de Cassandre. Sachant qu'il faudra toucher Richelieu, la petite fille prépare une épigramme qu'elle essaiera de réciter au premier des ministres.

Le spectacle a lieu au Palais-Cardinal, futur Palais-Royal. Richelieu consacre toute l'après-midi et la soirée du dimanche 3 avril 1639 au spectacle. De trois heures à sept heures, il s'entretient avec Montdory et avec la duchesse d'Aiguillon, qui plaident la cause d'Étienne Pascal. À sept heures commence la représentation de *L'Amour tyrannique*. Fillettes et garçonnets débitent des tirades où la subtilité amoureuse se mêle d'un brin de préciosité. Comme les autres spectateurs, le cardinal prend plaisir au jeu des enfants. Jacqueline intervient auprès de Richelieu à la fin de la pièce.

Jacqueline écrit, le 4 avril 1639, une longue lettre à Étienne Pascal où elle raconte avec précision et vivacité tout ce qui s'est passé le soir du 3 avril. Le cardinal, qui prend Jacqueline dans ses bras, écoute avec attention l'épigramme récitée par la fillette. Il promet la grâce d'Étienne Pascal, qu'il recevra dès son retour à Paris. La duchesse d'Aiguillon intervient à nouveau auprès de Richelieu, et lui présente Gilberte. Le cardinal lui demande où est Blaise, car il aimerait rencontrer ce jeune génie scientifique. Toute la société passe pour une collation dans une salle adjacente au petit théâtre. Cette lettre de Jacqueline est celle d'une fille dévouée à son père mais aussi d'une enfant grisée par les louanges qui lui sont décernées. Blaise est associé à ces éloges qui viennent de leur famille et de la bonne société autant que du cardinal et de la cour. Georges de Scudéry, sans doute ravi de l'interprétation du rôle de Cassandre, écrit quelques vers à Jacqueline, qui répond rapidement.

Étienne Pascal rentre à Paris début mai 1639. Il se rend à Rueil, où le cardinal lui fait savoir qu'il veut bien le recevoir, mais avec toute la famille. Il revient le lendemain avec ses enfants, « tous trois parfaitement beaux ». Richelieu lui dit qu'il connaît son mérite et lui exprime son amitié. Bientôt, il va lui confier une mission en Normandie qui conduira toute la famille vers de nouveaux chemins. Jacqueline estime que cette rencontre vaut bien quelques vers au « duc incomparable ». Elle rédige donc une nouvelle épigramme *À Monseigneur l'Éminentissime Cardinal duc de Richelieu* [29]. Dans un poème à la duchesse d'Aiguillon, elle remercie la nièce du cardinal de ce qui a été fait pour la libération de son père [30]. Un *Sonnet de dévotion*, daté de février 1640, évoque les « froides langueurs » de la toute jeune fille et implore la bonté du Dieu vivant « qui maintient tout le monde » [31].

Blaise va atteindre ses seize ans en mai 1639. Dans les cercles savants qu'il fréquente avec son père, il tient « fort bien son rang, tant pour l'examen que pour la production », apportant « le plus souvent des choses nouvelles ». Au printemps 1639, il se lance dans la préparation d'un *Essai sur les coniques*, travail achevé en fin d'année. L'ouvrage paraît à Paris au début de 1640, sans doute en février [32]. Il s'agit d'une étape en attendant les *Éléments coniques complets,* annoncés par l'auteur. Pour la première fois, Blaise ne reçoit pas que des louanges. Il est accusé d'avoir repris un travail du Lyonnais Gérard Desargues. En fait, celui-ci, malgré les critiques de Descartes et de quelques autres savants, témoigne de l'originalité du travail de Blaise et des importantes conséquences qui en découlent.

Printemps 1640. L'installation à Rouen

Durant l'été 1639, la Normandie connaît de sérieuses émeutes, sinon un début de révolte [33]. À l'automne, au plus tard le 19 novembre, Étienne Pascal est nommé « commissaire député par Sa Majesté en la haute Normandie pour l'impôt et levée des tailles, et sur le fait de la subsistance et étapes des troupes et autres affaires concernant les services de Sa Majesté en la dite province ». Il rejoint à Gisors Claude de Paris, intendant, qui a dû quitter Rouen en août. Tous deux écrivent aux échevins de Rouen pour les informer d'une taxation de 150 000 livres. Les 11 et 12 décembre, le procureur-syndic de l'Hôtel de ville de Rouen rencontre Claude de Paris et Étienne Pascal, qui maintiennent leurs exigences.

Le 15 décembre, Louis XIII ordonne à Pierre Séguier de se rendre en Normandie, avec pleins pouvoirs pour y rétablir l'ordre. Le chancelier s'installe, le 21 décembre, à Gaillon, au château de l'archevêque de Rouen. Il reçoit des notables et quelques-uns de ceux qui vont devenir ses collaborateurs directs. Étienne Pascal est présent. Le 31 décembre, les troupes de Jean de Gassion – qui sera nommé maréchal de France en 1643 –, investissent Rouen. Pierre Séguier entre dans Rouen le 2 janvier 1640 [34]. Étienne Pascal s'installe à Rouen en janvier 1640. Au début de février, la situation se calme. Les troupes de Gassion quittent la ville les 8 et 9, et le chancelier Séguier part pour la basse Normandie le 11.

Gilberte, Blaise et Jacqueline peuvent rejoindre leur père au printemps 1640. La famille s'installe rue des Murs Saint-Ouen, paroisse Sainte-Croix-Saint-Ouen. La présence d'Étienne Pascal dans cette maison remonte probablement au printemps 1640. La cure, confiée aux Oratoriens, se trouve donc à proximité de l'habitation familiale.

Le curé de Sainte-Croix-Saint-Ouen est alors Charles Maignart, qui a une « réputation d'excellent pasteur et de pasteur évangélique » [35]. Ce disciple de l'abbé de Saint-Cyran, se retirera en 1643 à l'abbaye de Saint-Cyran-en-Brenne, dont l'abbé est Martin de Barcos, neveu de Saint-Cyran. Le père François de Saint-Pé, supérieur des Oratoriens de Rouen, ami et confident de Charles de Condren, devient curé de la paroisse le 31 octobre 1643.

Les fonctions d'Étienne Pascal en font une des principales personnalités de Rouen. Haï par ceux qui voient en lui un de ces « maudits tyranneaux » qui représentent un pouvoir oppresseur, apprécié de ceux qui le considèrent comme un bon agent de l'ordre public, il va exercer jusqu'en juillet 1648 des fonctions délicates, où il se conduit en fonctionnaire intègre et en travailleur acharné [36]. Ayant besoin d'un collaborateur sérieux, il fait venir à Rouen son cousin Florin Périer, conseiller à la Cour des Aides de Clermont-Ferrand, et lui procure une commission.

Blaise seconde son père dans la mesure du possible. Pour faciliter les calculs des répartitions d'impôts, il conçoit, dès 1642, une « roue pascale » mise au point au début de l'année 1644. Cette même année, en février, Pierre Michon, dit Bourdelot, invite Blaise à venir à Paris pour présenter son invention au prince de Condé. Une *Lettre dédicatoire* au chancelier Séguier, suivie d'une notice explicative, paraît en 1645. Ce document présente tous les avantages de la « machine arithmétique » et les dangers des contrefaçons. Toute la famille suit les efforts du jeune homme et se réjouit avec lui du succès remporté par cette première machine à calculer [37].

Les premiers lauriers

À l'automne 1640, Jacqueline écrit une épigramme *À Sainte Cécile,* dont la fête, le 22 novembre, est célébrée à Rouen avec un éclat particulier. Même si la jeune fille n'y fait aucune allusion à la musique, il apparaît que le poème est écrit en l'honneur d'un art que sa famille tient en grand honneur.

Les Pascal continuent à mener une vie intellectuelle active. Leur maison accueille de nombreux amis et s'ouvre à la haute bourgeoisie normande. Jacqueline rencontre ainsi Pierre

Corneille, qui lui a procuré tant d'enchantements poétiques. Gilberte rapporte ainsi cette visite : « M. Corneille ne manqua pas de nous venir voir. Il était ravi de voir les choses que faisait ma sœur, et il la pria de faire des vers sur la Conception de la Vierge, qui est le jour qu'on donne des prix. » Jacqueline cède aux demandes de Corneille et participe au concours annuel de poésie organisé à Rouen le 8 décembre par l'académie des Palinods, où l'on reçoit et couronne une ballade et des stances nommées *Palinods*, consacrées à la Conception de la Vierge. Jacqueline gagne, en 1640, la tour d'argent qui récompense les meilleures stances. Elle s'en prend avec force aux négateurs de l'Immaculée Conception, et compare Marie « à l'arche sainte qui renverse les faux dieux ». Comme elle ne daigne pas paraître à la distribution des prix, Pierre Corneille la remplace. Il improvise un *Remerciement* en vers au prince des Palinods, et loue la jeune muse absente, qu'il gratifie de douze années, alors que Jacqueline a plus de quinze ans. Le prix est ensuite porté à Jacqueline en apparat et splendeur, « avec des trompettes et des tambours [38] en grande cérémonie. Elle recevait cela avec une indifférence admirable ; et elle était même si simple que, quoiqu'elle eût alors quinze ans, elle avait toujours des poupées qu'elle habillait et déshabillait avec autant de plaisir que si elle n'eût eu que dix ans. Nous lui faisions reproche de cette enfance, et nous le lui fîmes tant qu'enfin elle fut contrainte de les quitter, mais ce ne fut pas sans peine, car elle aimait mieux ce divertissement que d'être dans les plus grandes compagnies de la ville ».

Un an plus tard, Jacqueline compose elle-même un *Remerciement* pour le prix des stances. En ce concours de 1641, Antoine Corneille, frère cadet de Pierre, religieux aux augustins du Mont aux Malades de Rouen, loue sans réserve Jacqueline, « la seule fille en ce Puy triomphante ».

Les rapports sont alors étroits entre Corneille et la famille Pascal. *Cinna* et *Polyeucte* touchent et enchantent Étienne et ses enfants. Le mariage de Pierre Corneille, en janvier 1641, avec Marie de Lampérière, le baptême de leur fille Marie, le 10 janvier 1642, la naissance de Pierre, leur premier garçon, le 7 septembre 1643, sont pour les deux familles des occasions de contacts très amicaux.

En février 1642, Jacqueline écrit les stances *Contre l'amour*, poème témoignant de l'influence que Corneille exerce alors sur la jeune fille. Dans ses vers, qui traduisent son tempérament fervent, énergique et volontaire, elle refuse le servage de l'amour, « dont les feux sont sans effet » et « les flèches sans force ».

C'est ce bel ennemi dont l'éclat te surmonte,
Dont la beauté sans fard te chasse et te fait honte,
À l'abord seulement qu'il s'empare d'un cœur;
Et c'est le seul lien qui retient ma franchise,
Libre de ton servage et de cette rigueur
Qui fait que la raison te fuit et te méprise.

Quelque temps plus tard, plusieurs occasions de mariage se présenteront à elle. Elle ne témoigne pour ces projets ni sympathie ni aversion, restant soumise à la volonté de son père. Mais attachée de toutes ses fibres à la raison, elle doute pourtant que ce ne soit raisonnable.

Comme à Paris, toute la famille Pascal participe activement à la vie de la paroisse, aux processions, aux fêtes populaires. Cependant une certaine austérité marque la vie familiale, car Étienne et Blaise travaillent beaucoup, et le milieu provincial présente parfois moins de charmes, de richesses et de variété que la vie de la capitale. Mais les Pascal demeurent en relation avec leurs amis parisiens, en particulier Mme Sainctot et son frère Dalibray. Montdory vient parfois à Rouen retrouver les Pascal et Corneille, pour la plus grande joie de Jacqueline. Celle-ci, attachée à la foi et aux pratiques de son église, ne manifeste alors aucune attirance « pour la religion », c'est-à-dire pour la vie monacale. Elle exprime même un certain mépris pour une telle conception du christianisme, incapable de « satisfaire un esprit raisonnable » [39], en tout cas le sien.

Les soupirs d'Amarante

En 1641, Florin Périer, trente-six ans, et Gilberte Pascal, vingt et un ans, songent à se marier. Le contrat de mariage est signé le 15 avril 1641, et le mariage célébré le 13 juin 1641 en l'église Sainte-Croix-Saint-Ouen. Le nouveau foyer s'installe dans une maison qui dépend de la paroisse Saint-Godard de Rouen. Un premier enfant, Étienne, est baptisé dans l'église paroissiale le 15 avril 1642.

Florin Périer et Gilberte quittent Rouen, fin septembre 1642, pour Clermont-Ferrand. Ils confient Étienne à une nourrice normande. Cette séparation affecte une famille tendrement unie sous la houlette d'Étienne Pascal. Mais, en même temps, Clermont-Ferrand redevient un des pôles d'attraction des Pascal [40].

Le cardinal de Richelieu meurt le 4 décembre 1642. Le lendemain, Louis XIII nomme le cardinal Mazarin principal ministre. Malheureusement la santé du roi se détériore inexorablement. Le 21 février 1643, il doit s'aliter. Les jours se succèdent avec des alternances de rémissions et d'aggravations. Un léger mieux s'étant manifesté le 23 avril, Jacqueline écrit alors un sonnet *Sur la guérison apparente du roi*, assimilée à un miracle dû à la vertu royale. Il ne s'agit que d'un bref répit et le roi meurt le jeudi 14 mai 1643, au début de l'après-midi. Louis XIV, âgé de quatre ans, ne pouvant exercer le pouvoir, Anne d'Autriche devient régente du royaume le 18 mai 1643. Jacqueline, très attachée à une reine qui a su accueillir ses premiers vers, rédige un sonnet *À la reine, sur sa régence* [41], dont les deux premières strophes louent sans mesure les vertus d'Anne d'Autriche :

Commencez, grande reine, un règne de merveilles,
Puisque notre bonheur ne dépend que de vous,
Semez par l'univers vos vertus sans pareilles ;
Rendez de vos beaux faits les plus grands rois jaloux.

Continuez les soins de vos divines veilles,
Et que votre bonté fasse connaître à tous

Qu'en vain mille terreurs ont frappé nos oreilles
Pour un gouvernement que vous rendez si doux.

La guerre commencée en 1635 ne tourne guère à l'avantage de la France. Heureusement, entre la mort de Louis XIII et ses funérailles à Saint-Denis le 22 mai, le jeune duc d'Enghien, l'ancien voisin des Pascal rue Neuve Saint-Lambert, remporte, le 19 mai 1643, une brillante victoire sur les Espagnols à Rocroi.

Des services funèbres sont célébrés à Notre-Dame de Rouen, à l'intention du défunt roi, le jeudi 21 et le vendredi 22 mai 1643. Ce qui impressionne un jeune garçon de neuf ans, Pierre Thomas du Fossé, que ses parents doivent conduire avec deux de ses frères aux Petites Écoles de Port-Royal. La famille Thomas du Fossé habite à proximité de celle des Pascal et appartient à la même paroisse. Gentien Thomas du Fossé, maître des comptes à la Chambre de Normandie, vit, en 1643, un christianisme renouvelé. Gagné par l'abbé de Saint-Cyran, qu'il est allé voir à Paris pour lui demander le retour du père Maignart à Sainte-Croix-Saint-Ouen, il témoigne dans sa famille et auprès de ses amis de son renouvellement spirituel. Il éprouve la grande joie de voir sa femme le suivre en une nouvelle conception du christianisme et de nouveaux chemins de vie. Ensemble ils décident de placer trois garçons aux Petites Écoles et de confier trois filles aux religieuses de Port-Royal [42].

Jacqueline va atteindre ses dix-huit ans quand elle rédige en septembre 1643 des stances *Pour une dame amoureuse d'un homme qui n'en savait rien*, qui ne paraîtront qu'en 1653. Six strophes de dix vers expriment la flamme et les désirs d'une héroïne nommée Amarante pour un Tyrsis qui ne voit et n'entend rien. Jacqueline s'apitoie sur la douleur de cette dame qui aime sans réciprocité, victime d'une imprudente divinité nommée Amour. Isaac de Benserade, qui a guidé les premiers essais poétiques de la jeune fille, donne une *Réponse* en quatorze strophes. « Que vos vers sont ardents », reconnaît-il [43]. En octobre 1643 Jacqueline rédige un *Sonnet fait après les rimes,* exercice de style où elle réussit sans la moindre peine [44].

A-t-elle écrit entre 1643 et 1645 ? C'est très probable, bien que sa production reste inconnue. En 1645, elle compose une *Chanson* qui rencontre un large succès. Dans le même temps viennent une *Sérénade* et une pièce sans titre commençant par *À bas, à bas ces fleurs*, qui semble bien être une chanson à boire comme il en paraît beaucoup à l'époque [45].

Quatorze *Stances* intitulées *Consolation sur la mort d'une huguenote* traduisent, en mai 1645, à la fois la tendresse, la compassion et l'inquiétude de Jacqueline, qui s'apitoie et s'interroge sur la mort d'une amie protestante.

Cette personne, dont le nom n'est pas connu, est morte dans son « cinquième lustre », c'est-à-dire à vingt-cinq ans, dans une « hérésie obstinée ». Y a-t-il pour elle une possibilité de salut ? Il faut s'en remettre à l'équité de Dieu et à sa providence. Les vers sont riches, denses, frémissants. S'ils témoignent d'une vie spirituelle marquée par la foi, l'amour et la charité, ils expriment aussi de graves et fondamentales questions qui attendent une réponse de Dieu [46].

Sans cesse elle espérait en vous,
Et toujours son soin le plus doux
Était de vous être fidèle.
Hélas ! dans son aveuglement,
Lui donnâtes-vous tant de zèle
Pour la perdre éternellement ?

Jacqueline a vingt ans le 5 octobre 1645. Malgré la mort prématurée de sa mère, elle a connu une enfance et une jeunesse heureuses. Elle a pu et su développer ses facultés au sein de sa famille, vivre avec joie dans un monde agréable, écrire selon ses goûts [47]. L'hiver 1645-1646 s'annonce sans problème majeur. Mais un accident survient à son père en janvier 1646. Et sa vie, ainsi que celle de tous les siens, va prendre un nouveau sens.

Port-Royal de Paris, après la construction de la chapelle bénie par l'archevêque de Paris, le 7 juin 1648. Les constructions de droite ont disparu. Gravure de J. Marot, d'après un dessin de l'architecte Le Paultre. Voir *Chroniques de Port-Royal*, n° 40, 1991, p. 78.

CHAPITRE II

L'appel de Dieu, 1646-1651

Jacqueline a vingt et un ans quand elle connaît un bouleversement spirituel qui va changer toute sa vie. Cet événement se produit en 1646 dans le cadre familial, à la suite d'un accident survenu à Étienne Pascal.

1646. « Une seule chose est nécessaire. »

Étienne Pascal apprend en janvier 1646 que deux de ses amis veulent se battre en duel dans un faubourg de Rouen. Il décide de se rendre sur le lieu pour tenter de réconcilier les adversaires. Il gèle à pierre fendre. Le carrosse de la maison de la rue des Murs Saint-Ouen se révèle inutilisable, le cocher manquant de fers à glace pour les chevaux. Étienne Pascal, qui se résout à effectuer le chemin à pied, tombe lourdement sur la glace et se démet la cuisse. Ramené chez lui, il demande l'aide de deux gentilshommes normands, les frères Deschamps, sieurs des Landes et de La Bouteillerie, qui ont étudié dans leur jeunesse l'anatomie, la médecine et la chirurgie et qui sont fort habiles en ces domaines.

Les deux frères sont spirituellement dirigés par Jean Guillebert [48], curé de Rouville, village situé à cinq kilomètres au nord de Bolbec. Sous l'influence de Jean Duvergier de Hauranne, abbé de Saint-Cyran, Guillebert s'est donné totalement à Dieu. Il touche ses paroissiens, mais aussi les catholiques des environs qui viennent entendre ses sermons. Les frères Deschamps, qui se sont mis sous sa conduite, ne songent « qu'à Dieu, à leur salut, et à la charité pour le prochain » [49]. Ces chrétiens fervents entrent dans l'intimité de la famille Pascal. Ils lui font lire divers ouvrages de piété, en particulier un *Discours de la Réformation de l'homme intérieur*, écrit par Jansénius, *De la Fréquente Communion* d'Antoine Arnauld, les *Lettres* *chrétiennes et spirituelles* de l'abbé de Saint-Cyran, les Pères de l'Église * (surtout Augustin d'Hippone, Jean Chrysostome, Bernard de Clairvaux), des écrits de François de Sales, du cardinal Pierre de Bérulle, de Charles de Condren. La Bible devient le principal sujet de lectures et de méditations. Il est question de la réforme de Port-Royal, de la mère Angélique Arnauld, d'Antoine Le Maistre et des autres Solitaires, de Vincent de Paul.

Pendant trois mois, Étienne Pascal et ses enfants voient vivre ces deux hommes totalement consacrés à Jésus-Christ. Leur témoignage en paroles et en actes pose bien des questions à la famille. Les Pascal respectent les commandements de Dieu, accomplissent les devoirs religieux prescrits par leur Église, ne mettent pas en discussion ce qui est matière de foi, vivent honnêtement. Est-ce vraiment tout ce que veut le Dieu Vivant ?

La famille Pascal répond à cette interrogation par un changement de vie qu'évoque Marguerite Périer. Messieurs Deschamps « se servirent de cette occasion pour appeler à Dieu premièrement M. Pascal, le fils, ensuite Mademoiselle Pascal, la fille, qui était alors recherchée en mariage par un conseiller au Parlement de Rouen. Tous deux ensuite, quand mon grand-père fut guéri, le portèrent aussi à se donner pleinement à Dieu, ce qu'il fit avec joie aussi bien que ses deux enfants. C'était en 1646. Et à la fin de 1646, M. et Mme Périer étant allés à Rouen pour le voir, et les trouvant tout à Dieu, s'y donnèrent aussi pleinement » [50].

Pour tous, il s'agit d'un changement d'orientation spirituelle, qui conduit chacun à connaître une vie attentive à la volonté de Dieu, plus humble et disponible, en particulier par la lecture et la méditation de la Bible. Gilberte traduit ainsi le bouleversement qui intervient dans la vie de Blaise : « Dieu l'éclaira de telle façon par cette lecture qu'il comprit parfaitement que la religion chrétienne nous oblige à ne vivre que pour Dieu et à n'avoir point d'autre objet que lui (...). Dès ce temps-là, il renonça à toutes les autres connaissances pour s'appliquer uniquement à l'unique chose que Jésus-Christ appelle nécessaire [51]. » Blaise se met à l'école et à l'écoute de celui qui lui dit, selon *Le mystère de Jésus* [52] : « Je te suis présent par ma parole dans l'Écriture. »

Blaise découvre que « tout ce qui est au monde est concupiscence de la chair ou concupiscence des yeux ou orgueil de la vie » [53], et que le salut ne se trouve que dans le Dieu de Jésus-Christ. Il applique à la religion la rigueur qu'il apporte à ses travaux scientifiques. Par ailleurs il comprend que la foi chrétienne ne peut être ramenée à une simple affaire de raison et « qu'il n'y a rien de si conforme à la raison que ce désaveu de la raison » [54].

Quant à Jacqueline, sa vie extérieure semble à peine modifiée. Elle suit toujours avec intérêt les travaux de son père et de son frère, et accepte d'être marraine, le 14 octobre 1646, d'une petite Marie-Madeleine Guilbour en l'église Saint-Godard. Mais elle demande à recevoir le sacrement de la confirmation des mains de Jean-Pierre Camus, ami et disciple de François de Sales, ancien évêque de Belley, qui seconde l'archevêque de Rouen. Elle s'y prépare en lisant et méditant des petits traités de Saint-Cyran, dont la *Théologie familière, ou brève explication des principaux mystères de la foi, avec deux autres petits traités, l'un de la confirmation, l'autre de la messe,* dont la première édition officielle date de 1643. L'*Instruction pour se disposer à recevoir le Sacrement de la Confirmation* lui sert de guide. Cette confirmation marque une nouvelle étape dans sa vie, car, selon Gilberte, « l'on peut croire qu'elle y reçut véritablement le Saint-Esprit, car depuis cette heure-là elle fut toute changée » [55].

Durant l'hiver 1646-1647, Blaise mène de front la révision de la machine arithmétique, des travaux sur le vide, des recherches théologiques poussées. Au printemps 1647, une grave maladie lui cause une douleur de tête insupportable, une chaleur d'entrailles excessive et beaucoup d'autres maux. Dès 1641, il a ressenti de nombreuses incommodités. Il souffre par intermittence depuis 1644-1645. Pour la première fois, les douleurs deviennent intolérables. Soins et remèdes le soulagent un peu, sans atteindre la source du mal [56]. Épreuve d'autant plus lourde que les médecins lui recommandent de cesser toute sorte d'application d'esprit et de chercher des occasions de se divertir. Avec l'aide de Jacqueline, toujours présente, attentive, dévouée, Blaise tente de surmonter ses tortures physiques. Il se distrait, tout en continuant à travailler comme il sait le faire.

Été 1647. Le retour à Paris, rue Brisemiche

Durant l'été 1647, Blaise et Jacqueline rentrent à Paris, où Blaise pourra soigner ses indispositions. Étienne Pascal, Gilberte et son fils Étienne demeurent à Rouen, cependant que Florin Périer retourne à Clermont-Ferrand.

Dès le retour de Blaise et de Jacqueline à Paris rue Brisemiche, Descartes rencontre Blaise par deux fois. Le dimanche 22 septembre 1647, dans la soirée, Jacqueline reçoit la visite de Jacques Habert, sieur de Saint-Léonard, un ami de la famille, accompagné d'un proche de Descartes, M. de Montigny. Celui-ci sollicite, pour Descartes, une entrevue avec Blaise. En l'absence de son frère, alors à l'église, Jacqueline accepte. Le mercredi 25 septembre, elle écrit longuement à Gilberte pour l'informer de ce qui se passe dans la capitale, et pour lui faire part des deux visites de Descartes à Blaise. La première a lieu le lundi 23 septembre de dix heures et demie à midi, en présence de Jacqueline, de Jacques Habert, de M. de Montigny et de son fils, de Roberval et de quelques jeunes gens. Il est question de la machine arithmétique, dont Roberval montre l'usage. Puis la discussion porte sur le vide.

Le poète Dalibray (Charles Vion), ami de la famille Pascal depuis 1635, et Roberval viennent aussi voir Blaise le lundi 23 après-midi. Cette fois la conversation porte sur la physique. Pascal met alors la dernière main à un ouvrage, *Expériences nouvelles touchant le vide,* dont le permis d'imprimer porte la date du 8 octobre 1647, et qui paraît vers la mi-octobre. Les trois hommes discutent aussi des problèmes spirituels et théologiques qui préoccupent Blaise.

La deuxième visite de Descartes à Blaise se situe le mardi 24 septembre de huit heures à onze heures, en présence de Dalibray. Descartes donne des avis médicaux au jeune savant. Il lui conseille de prendre force bouillons et de se tenir tous les jours au lit jusqu'au moment où il se trouve las de cette situation [57]. Puis, tous trois abordent différents sujets dont Jacqueline ne peut rendre compte, car elle n'assiste pas à la rencontre.

En cet automne 1647, Jacqueline et Blaise vont souvent entendre les prédications d'Antoine Singlin, supérieur de Port-Royal, à l'abbaye du faubourg Saint-Jacques, où les religieuses, ayant obtenu que l'Institut du Saint-Sacrement soit rattaché à leur monastère, remplacent, le 24 octobre 1647, le scapulaire* noir des bernardines par un scapulaire blanc avec une croix écarlate sur la poitrine.

Fin 1647. La vocation religieuse

Au témoignage de Gilberte, c'est vers la fin de 1647 que Jacqueline prend conscience de sa vocation religieuse. La prière, la lecture de la Bible et de nombreux ouvrages spirituels, les conversations avec son frère et quelques amis et amies la conduisent à de nouvelles perspectives de vie. Les sermons d'Antoine Singlin lui font une si forte impression qu'elle se trouve alors, « dans une résolution parfaite de renoncer au monde ».

Le directeur spirituel de Port-Royal parle de la vie chrétienne d'une manière qui correspond aux conceptions de Jacqueline. Voulant se donner totalement au service de Dieu, il lui semble possible d'être « religieuse raisonnablement » dans le cadre de Port-Royal. Il s'agit du culte logique dont parle l'apôtre Paul, dans l'*Épître aux Romains* (*Rom.*, 12,1), de l'offrande de la vie à Dieu « comme un sacrifice vivant, saint, agréable à Dieu » et du renoncement au monde présent [58].

Ayant discerné cette vocation, Jacqueline communique à son frère sa certitude. Blaise ne la détourne pas du chemin qu'elle envisage de suivre. Au contraire, il l'appuie de ses encouragements, éliminant ainsi les dernières hésitations de sa sœur. Pour le frère et la sœur, il semble maintenant nécessaire d'entrer en relation plus étroite avec le monastère du faubourg Saint-Jacques. Jean Guillebert, appelé par Martin de Barcos, a quitté Rouville pour devenir, à Paris, le précepteur théologique de Le Maistre de Sacy. Comme Guillebert peut facilement servir de lien, Blaise lui fait rencontrer sa sœur. Vite convaincu du sérieux de la vocation de la jeune fille, Guillebert demande à la mère Angélique de recevoir Jacqueline. L'abbesse la reçoit avec beaucoup de gentillesse et l'invite à venir à Port-Royal aussi souvent que possible. Ce qui ne pose pas de sérieux problèmes, malgré la distance qui sépare la rue Brisemiche du monastère.

Les mères Angélique et Agnès Arnauld conseillent à Jacqueline de se mettre sous la conduite d'Antoine Singlin. Lui aussi est rapidement assuré du sérieux de la vocation de Jacqueline. Il n'a « jamais vu en personne de si grandes marques de vocation », confie-t-il à Blaise.

Au début de 1648, Blaise et Jacqueline vivent donc en contact étroit avec Port-Royal. Leurs perspectives spirituelles sont pourtant bien différentes. Jacqueline avance dans les chemins de la foi avec simplicité, fermeté, disponibilité, tranquillité d'âme. Dieu lui a adressé un appel clair. Elle y répond sereinement, renonçant à un monde qui l'a souvent comblée, aux dons poétiques qui ont réjoui sa jeunesse, à des affections chères, pour vivre la force et la joie de ceux qui choisissent « la bonne part » dont parle l'évangile (*Luc*, 10, 42). De son côté Blaise poursuit ses activités scientifiques. En même temps, il mène un difficile combat spirituel. Dans une lettre à Gilberte datée du 26 janvier 1648, il évoque sa solitude ainsi que la faiblesse et l'incapacité qui le marquent.

Blaise rencontre Antoine de Rebours, confesseur de Port-Royal, un homme qui a vécu dans le monde plus de quarante ans et qui s'y connaît en matière d'orgueil et d'humilité. Formé par M. Singlin, il est prêtre depuis le 19 avril 1642 et confesseur des religieuses depuis le 7 juin 1642. Blaise fait un récit de ces rencontres où il exprime le sentiment de confusion, d'équivoque et de trouble qu'il ressent [59]. Le malentendu qui crée cette gêne n'est pas défini avec clarté. Il semble que M. de Rebours reproche à Blaise de faire la part trop belle à la raison, surtout dans le domaine de la foi. Par ailleurs, le confesseur des religieuses ne sent pas en Blaise une authentique humilité. De sorte que les entretiens se passent dans un embarras rarement éprouvé par Blaise.

Dans une lettre à Gilberte datée du 1er avril 1648 [60], Blaise et Jacqueline mettent l'accent sur la transformation opérée dans leur famille depuis le début de 1646. « Il faut avouer que c'est proprement depuis ce temps (que M. de Saint-Cyran veut qu'on appelle le commencement de la vie), que nous devons nous considérer comme véritables parents, et qu'il a plu à Dieu de nous joindre aussi bien dans son nouveau monde par l'esprit, comme il l'a fait dans le terrestre par la chair. » Tous doivent donc « sans cesse aspirer à se rendre dignes de faire partie du Corps de Jésus-Christ », et vivre d'une communion qui n'a que la gloire de Dieu pour objet.

À cette époque, Blaise et Jacqueline lisent une *Lettre de Messire Jean Du Vergier de Hauranne, abbé de Saint-Cyran, à un ecclésiastique de ses amis touchant les dispositions à la prêtrise,* publiée en 1647 sans nom d'imprimeur. Tous deux sont d'autant plus intéressés que ce texte sur la vocation sacerdotale s'adresse à Henri Duhamel, un des curés de Saint-Merri, une des paroisses de Paris qu'ils fréquentent. Jacqueline expose pour la première fois dans la lettre à Gilberte quelques-unes des lignes de force de la pensée chrétienne de Blaise : les disciples du Christ enfants d'un même Père, importance de l'Alliance de Dieu avec les hommes, réalités corporelles images des spirituelles, libération de l'homme par l'amour de Dieu en Jésus-Christ, vie de mouvement vers le haut pour ne pas s'arrêter sur le chemin de la sanctification.

Le 13 mai 1648 la mère Angélique s'installe aux Champs avec sept professes de chœur et deux professes converses. D'autres vont suivre. L'archevêque de Paris accepte que les deux maisons ne forment qu'une seule abbaye dirigée par une abbesse résidant normalement à Paris. En fait la mère Angélique passe l'essentiel de son temps aux Champs. La mère Agnès, qui dirige la maison de Paris comme prieure, va s'occuper de Jacqueline.

Mai 1648. L'affrontement

Étienne Pascal passe quelques jours à Paris en mai 1648. Son arrivée, qui réjouit Blaise et Jacqueline, pose un problème : doivent-ils parler à leur père de la vocation de la jeune fille ? Antoine Singlin le pense, dans la mesure où celle-ci fait preuve d'une résolution sans faille. C'est Blaise qui se charge d'informer Étienne Pascal. Il lui explique la vocation et la ferme intention de Jacqueline de devenir religieuse. Fort surpris de cette information, le père se trouve étrangement gêné. D'un côté, il partage les nouveaux sentiments de ses enfants, d'un autre, il n'envisage pas de se séparer d'une fille pour laquelle il éprouve une si tendre affection. Étienne dit d'abord à Blaise qu'il va réfléchir. Puis il se reprend et répond nettement qu'il ne peut donner son consentement.

Plus encore, il refuse de faire désormais confiance à ses deux enfants parisiens. Étienne Pascal commande à Louise Delfault de les surveiller attentivement. Jacqueline ne peut plus aller à Port-Royal sans se cacher. Elle s'y rend cependant et revoit régulièrement Antoine Singlin « par adresse et par invention » [61].

Le séjour à Paris d'Étienne Pascal est bref. Jacqueline lui écrit à Rouen, le vendredi 19 juin, pour lui demander l'autorisation de faire une retraite de deux à trois semaines, chose ordinaire pour des chrétiens de toute condition. Le monastère du faubourg Saint-Jacques s'impose, car c'est le meilleur choix possible. Ce temps de silence et de méditation devrait servir d'épreuve pour savoir si Dieu la veut à Port-Royal. Sauf réponse contraire avant le mardi 30 juin, elle compte rejoindre le monastère le dimanche 5 juillet. Pour justifier sa très humble prière, Jacqueline en appelle à sa soumission inconditionnelle et à sa filiale affection. La réponse du père et la suite donnée au projet de retraite ne sont pas connues [62].

Étienne Pascal quitte définitivement Rouen durant l'été 1648, car sa charge n'existe plus depuis le 18 juillet.

1er octobre 1648. L'installation rue de Touraine

Revenu à Paris, Étienne Pascal signe, le 11 août 1648, un transport de bail d'une maison sise rue de Touraine [63] (actuellement 13 rue de Saintonge), celui de la rue Brisemiche ayant été résilié le 22 mai. Étienne, Blaise et Jacqueline s'installent le 1er octobre dans cette nouvelle demeure, quartier du Marais, à nouveau paroisse Saint-Jean-en-Grève. Le jeune Étienne Périer semble vivre avec eux.

Ce passage de la rue Brisemiche à la rue de Touraine arrange bien Jacqueline, qui ne rencontre plus ses précédentes relations et n'en fait aucune nouvelle, ce qui rompt ses habitudes de vie. Elle se trouve dans une liberté entière de vivre dans la solitude. Abrégeant les conversations domestiques, elle passe l'essentiel de son temps dans sa chambre. Malgré la surveillance établie par son père, elle réussit à se rendre à Port-Royal ou à y faire parvenir ses lettres. Des réponses lui arrivent, qui la soutiennent dans la retraite qu'elle s'impose [64].

Dans l'après-midi du 5 novembre 1648, Blaise et Jacqueline écrivent une longue lettre à Gilberte, alors à Clermont-Ferrand [65]. Jacqueline et Blaise rappellent à Gilberte que le fidèle vit du don renouvelé de l'Esprit et ajoutent : « Dans cette nécessité, il est aisé de voir qu'il faut continuellement faire de nouveaux efforts pour acquérir cette nouveauté continuelle d'esprit, puisqu'on ne peut conserver la grâce ancienne que par l'acquisition d'une nouvelle grâce. » Sans ce renouvellement assidu, le disciple du Christ ne peut recevoir le « vin nouveau de Dieu qui ne sera point mis en vieux vaisseaux » [66]. Pour ce renouveau spirituel, Dieu peut se servir des moyens extérieurs que sont exhortations fraternelles, sermons, lectures spirituelles, surtout méditation de la Bible. Comme Gilberte a consulté Blaise et Jacqueline sur les agrandissements possibles de la maison de Clermont-Ferrand, Blaise et Jacqueline regrettent que Florin Périer donne « bien plus de soin et de peine au bâtiment d'une maison qu'il n'est pas obligé de faire qu'à celui de cette tour mystique, dont tu sais que saint Augustin parle dans une de ses lettres » [67]. Le frère et la sœur reprochent à Florin et à Gilberte Périer de ne pas faire assez de différence entre les choses de Dieu et celles du siècle et de consacrer trop de forces à des aménagements bien superflus par rapport à l'essentiel de la vie, qui se trouve dans le Dieu de Jésus-Christ.

La Fronde

La Première Fronde, dite Fronde Parlementaire (août 1648-mars 1649), marque le point de départ de cinq années difficiles pour beaucoup de Français. Après la victoire de Condé sur les Espagnols, à Lens (20 août 1648), un *Te Deum* est célébré à Notre-Dame de Paris le 26 août. Mazarin profite de cette journée pour tenter une épreuve de force contre le Parlement. Il fait arrêter trois parlementaires, dont le populaire conseiller Pierre Broussel. La réaction ne tarde pas. Le 27, plus de douze cents barricades s'élèvent en quelques heures dans Paris. Le 28, après la libération de Broussel, ces barricades disparaissent. Ces trois jours du 26 au 28 août marquent le point de départ de la Fronde.

La cour, qui a vécu à Rueil durant quelques semaines, rentre à Paris le 30 octobre. Mazarin refuse de se soumettre à un Parlement devenu le pouvoir prépondérant dans l'État. La Fronde Parlementaire s'amplifie, aggravée par les intrigues de l'évêque coadjuteur de Paris, Jean-François-Paul de Gondi. Mazarin, Anne d'Autriche, Louis XIV, Gaston d'Orléans, sont obligés de quitter Paris pour Saint-Germain dans la nuit du 5 au 6 janvier 1649. Les troupes de Condé commencent alors à investir la capitale.

Les religieuses de Port-Royal de Paris s'inquiètent, car le monastère du faubourg Saint-Jacques ne leur assure plus la sécurité. La mère Agnès et la plupart des sœurs s'installent dans la maison de Charles Maignart de Bernières, rue Christine, du 12 janvier au 5 mars 1649. En ces temps d'insécurité, Étienne Pascal fait mettre un coffre en sûreté chez son ami Jacques Habert le 15 janvier 1649, ce qui créera quelques problèmes après le décès d'Habert, le 31 juillet 1651. Des négociations s'ouvrent à Rueil en mars 1649, qui aboutissent à la paix de Rueil, signée le 11 mars et enregistrée au Parlement le 1er avril.

1648-1649. Un hiver dramatique

Cet hiver 1648-1649 bloque les Parisiens et les coupe du reste de la France. Jacqueline ne reçoit que le 23 mars au soir une lettre de Gilberte, maintenant perdue, rédigée à Clermont-Ferrand le 22 janvier. Jacqueline répond le 24 mars [68]. Dans le contexte d'une actualité fort troublée, elle demande à Gilberte de prier pour la maison des Pascal à Paris, ainsi que pour tout l'État. Elle souhaite aussi que sa sœur prie pour qu'il ne se fasse ou pense rien contre l'ordre de Dieu. Gilberte ne doit pas s'inquiéter. À la fois dans le monde et hors du monde, le chrétien ne se réjouit pas et ne souffre pas comme l'incroyant. Il existe en Dieu une joie que nul ne peut ravir au disciple de Jésus-Christ, une joie qui transcende les épreuves et les éclaire. Jacqueline demande humblement à Gilberte de lui pardonner les messages qu'elle lui envoie comme si elle voulait instruire sa sœur aînée. Elle demande enfin à Gilberte de prier pour elle, afin que Dieu «passe l'éponge pour ainsi dire» sur le temps perdu, les occasions négligées, les conjonctures favorables refusées.

Les relations de Blaise et Jacqueline avec Port-Royal restent toujours soumises à la surveillance d'Étienne Pascal. Celle-ci n'est pourtant pas assez étroite pour empêcher toute transmission de lettres à Port-Royal. Blaise y porte lui-même un message de Gilberte pour Madame de Maubuisson [69].

Mai 1649-novembre 1650. Séjour chez les Périer, à Clermont-Ferrand

En mai 1649, Étienne, Blaise et Jacqueline se rendent à Clermont-Ferrand. Avant le départ, Jacqueline a un entretien sérieux avec son père. Étienne Pascal ne s'oppose pas à la volonté de sa fille de devenir religieuse à Port-Royal. S'il lui demande de différer son entrée au couvent, c'est par affection et tendresse. Il souhaite que Jacqueline demeure à ses côtés pour la dernière partie d'une vie dont il sent venir le terme. Après la mort de son père, elle pourra entrer en religion. En attendant, qu'elle vive à sa guise dans la maison paternelle. Étienne Pascal promet à sa fille de ne jamais lui transmettre aucune proposition de mariage. Ce qui procure à Jacqueline un vif soulagement, dans la certitude qu'elle pourra un jour vivre sa vocation religieuse.

Le voyage à Clermont-Ferrand inquiète un peu la jeune femme. Retrouver parents et amis dans une ville où les Pascal sont bien connus, n'est-ce pas l'obligation de sacrifier à la vie du monde ? Peut-elle dissimuler sa vocation religieuse et accepter d'inévitables mondanités ? Gilberte comprend bien les soucis de sa sœur et les explique à sa famille. De telle façon qu'à l'arrivée des Pascal, personne ne semble s'étonner de voir Jacqueline habillée comme une femme âgée, discrète et lointaine [70].

Malgré l'exiguïté du logement, les arrivants s'installent chez les Périer. Jacqueline doit se contenter d'une mansarde fort inconfortable. Les visites de civilité achevées, elle organise sa vie comme elle l'entend. Elle se retire dans sa chambre, où personne ne peut ni ne veut entrer. Elle n'en sort que pour aller à l'église et pour prendre ses repas. Gilberte respecte la retraite de sa sœur et ne lui parle tranquillement que durant le bref trajet de la maison à l'église.

Durant sa retraite, Jacqueline s'applique à bien occuper tout son temps. Elle lit régulièrement son office et se consacre à la lecture d'œuvres spirituelles, faisant quantité de recueils. Le reste de son temps se passe à travailler pour les pauvres. Elle leur fait des bas de grosse laine, des camisoles et d'autres petits accommodements qu'elle porte elle-même à un hôpital où l'on entretient de pauvres enfants. Malgré cet éloignement du monde, elle reste affable et disponible.

Jacqueline soumet son corps à de grandes mortifications. Sa chambre n'ayant pas de cheminée, elle passe tout l'hiver sans feu, refusant même de se réchauffer à l'heure des repas. Pourtant son abstinence de nourriture inquiète sa famille. Jacqueline mange les mêmes viandes que les autres, mais en si petite quantité qu'elle ruine son estomac et que ses forces diminuent. Quand les siens veulent l'obliger à prendre plus de nourriture, elle ne peut plus la digérer. Le soir Jacqueline veille tard. Personne n'en a une entière connaissance, mais la quantité de chandelles brûlées indique bien des veilles prolongées.

Sachant que l'habit religieux, si différent des habits du monde, risque de lui poser quelques problèmes, Jacqueline s'accoutume à porter des souliers, des vêtements et des coiffes qui la gênent, afin de s'habituer aux incommodités de l'habit religieux.

Comme Gilberte connaît des ennuis de santé, sa sœur la soigne, lui tient compagnie, la rassure. Et quand les enfants Périer tombent malades, Jacqueline s'attache à les servir. Par ailleurs, elle soigne Marie Périer, baptisée à Rouen le 26 décembre 1647, gravement malade au cours de l'hiver 1649-1650. Jacqueline la veille pendant quatorze jours, demeurant nuit et jour à ses côtés. Quand vient le moment de la mort, c'est encore elle qui l'aide à quitter ce monde. Sa charité force l'admiration de la famille, alors que la future religieuse vit ces choses dans la simplicité et l'humilité d'une chrétienne qui aime son prochain comme elle-même.

« La patience est l'art d'espérer. »

L'isolement vécu par Jacqueline dans la maison de sa sœur n'empêche pas une correspondance suivie avec Port-Royal, particulièrement avec la mère Agnès, religieuse à l'intelligence vive, au bon sens éprouvé, à la foi inébranlable, à l'humour sain. Les lettres de Jacqueline ont disparu, mais dix-huit lettres de la mère Agnès, échelonnées du 22 janvier 1650 au 14 juin 1651, ont été conservées. Quand Jacqueline se plaint de ne pouvoir suivre sa vocation, la mère Agnès répond : « Notre Seigneur vous veut purifier par ce retardement de ne l'avoir pas toujours désiré ; car il faut longtemps avoir faim et soif de la justice pour expier le dégoût qu'on en a eu autrefois [71]. »

Jacqueline continue à espérer que l'année 1650 lui permettra d'entrer à Port-Royal. Mais l'heure ne semble pas encore venue, et la mère Agnès lui écrit, le 22 juillet 1650, qu'il faut attendre le temps de Dieu avec une entière soumission à ses ordres. Le 5 août 1650, elle précise qu'il faut suivre Dieu et se soumettre aux empêchements que sa providence peut mettre sur le chemin de tout chrétien. Elle encourage Jacqueline à bien comprendre le sens de la demande de l'Oraison dominicale : « Que ta volonté soit faite sur la terre comme au ciel. » Il s'agit de renoncer à toutes les volontés qui ne sont pas conformes à celles de Dieu. Dans une lettre datée du 19 août 1650, la mère Agnès lui rappelle que l'essentiel devant Dieu n'est pas d'être religieuse ou d'adopter tel ou tel genre de vie, mais d'assujettir entièrement son âme à Dieu pour ne vivre que de sa volonté, à l'instar du Fils de Dieu dont la nourriture fut de faire la volonté de son Père et d'accomplir son œuvre. Il convient donc de se soumettre patiemment aux décisions de Dieu, en bannissant toute crainte. Comme l'écrit Vauvenargues : « La patience est l'art d'espérer. »

Jacqueline s'adresse aussi à Antoine Singlin pour lui soumettre ses questions. Le confesseur des religieuses ne répond pas à la jeune fille. Il a ses raisons. D'une part, il ne juge pas nécessaire d'intervenir, car l'affaire ne lui semble ni urgente ni prioritaire ; d'autre part, il manifeste beaucoup de prudence : il présente de nombreuses fois ses problèmes à Dieu avant de les résoudre, sachant que Dieu a souvent apporté de grands retardements dans ses plus grandes œuvres.

La vie de Jacqueline, aussi sévère et organisée qu'elle soit, n'écarte pas les tentations. Dans une lettre du 20 février 1650, la mère Agnès évoque une tentation mondaine surmontée par Jacqueline, tentation dont il est difficile de préciser la nature, mais qui trouble manifestement la jeune fille. La religieuse exhorte Jacqueline à porter tout cela « avec humiliation et en renouvelant les gémissements » du passé.

Face à la résistance de son père, celle-ci continue à espérer quand même que l'autorisation de séjourner un temps à Port-Royal lui sera accordée. Antoine Singlin et la mère Agnès lui conseillent de beaucoup prier Dieu afin qu'Il indique les voies les plus dignes d'être bénies. De toute façon, la soumission de la fille à son père doit demeurer totale. La mère Agnès incite

Jacqueline à considérer la réponse de son père comme un arrêt de Dieu qui se réserve un autre temps pour la conduire à Port-Royal. Bref, il faut se soumettre paisiblement aux ordres de Dieu et accepter ce retard comme l'accomplissement de la volonté de Dieu.

Durant son séjour à Clermont-Ferrand Jacqueline témoigne activement de sa foi, s'appliquant en particulier à la conversion de plusieurs personnes. Elle s'occupe en particulier d'une demoiselle de Barmontet très attirée par Port-Royal, où elle entrera d'ailleurs plus tard sous le nom de Françoise de La Croix de Villelume de Barmontet [72].

Vers la fête de l'Ascension, cette année-là le 26 mai, Jacqueline revient à la poésie [73]. L'occasion lui en est fournie par un oratorien de Clermont-Ferrand qui vient la voir assez souvent. Jacqueline apprécie ce bon père. Et celui-ci, rapporte Gilberte, « lui dit un jour qu'il était bien raisonnable que, puisque son esprit avait autrefois travaillé pour le monde, il s'exerçât maintenant à faire quelque chose pour Dieu ; qu'il avait ouï dire qu'elle faisait fort bien des vers et qu'il avait pensé de lui donner l'occasion d'en faire pour la gloire de Dieu, en lui traduisant en prose les hymnes de l'Église qu'elle mettrait après en vers ».

Jacqueline accepte la proposition. Le travail commun commence par l'hymne de l'Ascension : *Jesu, nostra redemptio*, que l'on chante tous les jours à l'Oratoire. Cette adaptation en vers de l'hymne des Vêpres de l'Ascension est une réussite. Au témoignage de Gilberte, les vers sont fort justes et fort bien tournés, sans jamais trahir le sens du texte. Comme l'oratorien l'invite à continuer dans une voie où sa réussite est manifeste, Jacqueline s'avise que tout cet effort a été fait sans prendre avis de ses directeurs spirituels. Elle écrit donc à la mère Agnès. Celle-ci consulte Singlin avant de répondre à Jacqueline par une lettre en date du 22 juillet 1650 [74]. Selon Port-Royal, il vaut mieux que Jacqueline ensevelisse le talent qu'elle manifeste en poésie, « car Dieu ne lui en demandera point compte, puisque c'est le partage de notre sexe que l'humilité et le silence ».

Novembre 1650. Le retour à Paris

Après dix-sept mois passés à Clermont-Ferrand, Étienne Pascal décide de rentrer à Paris. Il demande à Jacqueline de l'accompagner. Blaise se joint à son père et à sa sœur. Tous trois se retrouvent rue de Touraine, en novembre 1650, sans doute avec Étienne Périer.

Bien des événements ont agité la capitale entre mai 1649 et le retour des Pascal en novembre 1650. Après la paix de Rueil, le roi est rentré à Paris en grand apparat le 18 août 1649. Mais, durant l'été 1650, la Fronde reprend sous une nouvelle forme. Cette fois, ce sont les princes qui s'affrontent. D'où le nom de Fronde des princes parfois donné à ce second épisode, qui va durer jusqu'en juillet 1653. Condé en étant le principal acteur, elle peut être plus justement appelée Fronde condéenne.

Ces troubles n'empêchent pas Blaise de s'adonner à ses travaux. Pendant les premiers mois de 1651, il travaille à un *Traité du Vide*, dont il demeure quelques fragments. Dans sa lettre du 12 juillet 1651 à M. de Ribeyre, premier président de la Cour des Aides de Clermont-Ferrand, Blaise signale qu'il achève ce traité et qu'il le communique à plusieurs de ses amis. C'est un temps de recherche, mais aussi de polémique, car Pascal défend ses droits d'auteur sur les expériences du Puy-de-Dôme. Il réagit en particulier aux allégations du père jésuite Médaille, qui, dans sa soutenance de thèse du 25 juin 1651, à Clermont-Ferrand, avait fait une allusion malveillante à l'égard de Pascal.

Blaise, pris par ses travaux, sa correspondance, ses relations, suit cependant avec attention la vie de sa famille, et particulièrement de sa sœur. Dès le retour à Paris, en novembre 1650, Jacqueline dispose d'une chambre et d'un cabinet, ce qui lui facilite la vie. Étienne Pascal lui donne toute liberté pour ses exercices spirituels. Mais le problème de la communication avec Port-Royal demeure difficile. C'est encore secrètement que Jacqueline se rend au monastère du faubourg Saint-Jacques et que des messages sont échangés. Port-Royal envoie régulièrement des billets tous les mois, et aussi, quand en vient le temps, le thème du mystère sur lequel Jacqueline doit méditer. Les lettres de la mère Agnès à Jacqueline datées de mars, du 14 avril et du 25 avril 1651, encouragent la jeune fille à se confier toujours davantage à Dieu, à comprendre que ce temps de mise à l'épreuve se situe dans le dessein de Dieu.

La fête de l'Ascension a lieu le 18 mai 1651. Dans une lettre datée du 20 mai, la mère Agnès indique à Jacqueline que le mystère qui lui est destiné se trouve être le même que le sien : « Le mystère de la mort de Jésus-Christ. » La mère l'invite à accepter volontairement de mourir à elle-même pour revivre en Christ, et ce à l'image du Seigneur. Jacqueline médite ce mystère avec tant de soin qu'elle rédige en fin mai-début juin un écrit intitulé *Le mystère de la mort de Notre-Seigneur Jésus-Christ*[75], qui comprend cinquante et un thèmes aux dimensions variables. Chaque thème comporte deux paragraphes. Le premier trouve son centre en plusieurs aspects de la mort de Jésus-Christ. Le second se présente comme une appropriation spirituelle, introduite par des formules comme : « J'apprends de là, cela m'apprend, ce qui nous apprend. » L'ensemble du texte, sobre, sinon austère, évoque l'*Abrégé de la vie de Jésus-Christ* et le *Mystère de Jésus* de Blaise Pascal. Mais Jacqueline ne manifeste ni la puissance d'imagination, ni la variété des images, ni la richesse du mouvement de son frère. Peut-être la rigueur et la monotonie du texte appartiennent-elles à ce dépouillement dont Jacqueline veut marquer tous les aspects de sa vie ?

Le 6 juin 1651, la mère Agnès écrit à Jacqueline que Port-Royal va pratiquer, pendant la sainte octave de la Fête-Dieu, la contemplation du mystère de la mort de Jésus-Christ, cette « mort gravée dans le fond des cœurs par le sacrement adorable de son précieux corps et sang ». Dans sa lettre du 14 juin, la mère évoque les polémiques dont Port-Royal est l'objet, en soulignant qu'il s'agit surtout de se taire, de s'humilier, de prier pour ceux qui sont obligés de défendre l'Église catholique. Elle exhorte ceux qui veulent « réduire les ennemis et les rebelles » (*Psaume*, 8, 3), à se battre par l'esprit de Dieu.

24 septembre 1651. La mort d'Étienne Pascal

Fin août 1651, se produit un incident [76] qui donne d'intéressantes indications sur la famille Pascal dans ces années de Fronde. Le 1er août, le testament olographe de Jacques Habert (sans doute décédé le 31 juillet), un des plus anciens amis parisiens d'Étienne Pascal, est déposé chez un notaire. Le nom d'Étienne Pascal est mentionné dans la succession. Le samedi 26 août, Blaise et Jacqueline interviennent auprès des héritiers pour que soit rendu à leur père un coffre qu'il avait fait déposer chez son ami le 15 janvier 1649. Ils n'obtiennent rien. Le lundi 28 août au matin, Jacqueline se présente à nouveau au domicile de Mme Habert, qui est seule, et obtient d'emporter le coffre et son contenu. Si Étienne Pascal envoie Blaise et Jacqueline récupérer ce coffre, c'est sans doute qu'il ne peut plus se déplacer. Peut-être est-il déjà touché par la maladie qui doit l'emporter. Au mois de septembre, il est si gravement malade que Jacqueline doit lui consacrer tout son temps et toutes ses forces. Dès que la maladie laisse un peu de répit, elle se retire dans son cabinet pour prier, mais aussi pour pleurer sur l'agonie de son père. Étienne Pascal meurt le dimanche 24 septembre 1651 [77]. Il est enterré le mardi 26 en l'église Saint-Jean-en-Grève. Le curé, Pierre Loisel, prononce l'éloge funèbre du défunt, paroissien de qualité.

Ce même mardi 26 septembre, la mère Agnès écrit à Jacqueline. Elle lui redit ce qu'elle a déjà écrit antérieurement, à savoir que tout ce qui arrive est « providence particulière de Dieu ». Il faut donc chercher des consolations solides en Christ qui s'est soumis à la volonté de son père. Alors que Jacqueline songeait à quitter son père pour devenir religieuse, c'est son père qui la quitte. Jacqueline est « trop à Dieu pour lui manquer de soumission en cette occasion » importante et unique. Et la mère Agnès de lui rappeler le psaume 39,10 (*Vulgate,* 38) : « Je me suis tu et je n'ai pas ouvert la bouche, parce que c'est vous, mon Dieu, qui l'avez fait. »

Blaise et Jacqueline préviennent rapidement Gilberte. Mais celle-ci est en couches et donne le jour à Louis Périer le 27 septembre, à Clermont-Ferrand. Il ne lui est donc pas possible de venir à Paris. Blaise et Jacqueline font à leur sœur et à leur beau-frère le récit de la mort de leur père par une lettre si rapidement envoyée que Jacqueline n'a pas remarqué qu'elle n'était pas finie. Blaise reprend la plume, le 17 octobre 1651, et écrit à Florin Périer une longue *Lettre sur la mort de son père* [78]. Cette lettre de consolation, courante au XVIIe siècle, se présente sous la forme d'un écrit bien composé, où Blaise livre l'essence de sa pensée religieuse. Au centre de sa foi et de sa théologie se trouve la personne de Jésus-Christ, maître et modèle, dont le sacrifice doit inspirer le sacrifice de tout chrétien. Par ailleurs, c'est à Dieu qu'il faut ramener toutes choses, car Il sait ce qui est bon « pour sa gloire et pour notre salut ». Quels que soient les événements, « nous devons espérer que Dieu en tirera la source de notre joie si nous lui en remettons la conduite ». De larges extraits de cette lettre paraîtront dans l'édition des *Pensées* de 1670, au chapitre XXX.

Dans un dernier hommage, les enfants d'Étienne Pascal rédigent l'épitaphe de leur père. Mais aucun document ne permet de savoir si le texte fut effectivement placé sur son tombeau, en l'église Saint-Jean-en-Grève (démolie en 1800).

La succession d'Étienne Pascal

À la fin de sa lettre à Florin Périer, Blaise prie Dieu d'avoir pour son beau-frère et pour Gilberte « plus de tendresse que jamais ». Les enfants doivent hériter de l'affection qu'Étienne Pascal leur portait, et donc s'aimer encore plus cordialement s'il est possible. Ce qui est et restera le privilège de la famille Pascal.

Pourtant cette affection n'élimine pas toutes les tensions. Jacqueline, devenue libre par la mort de son père, se prépare à entrer prochainement à Port-Royal, décision que Blaise ne discute pas. Mais il appréhende la solitude née de la mort de son père, de l'entrée de sa sœur au couvent et des études de son neveu Blaise aux Petites Écoles de Port-Royal. Il demande donc à Jacqueline de différer d'un an son entrée à Port-Royal.

Les sept actes notariés qui s'échelonnent du 19 au 26 octobre 1651 attestent que le frère et la sœur mettent facilement au point les problèmes financiers liés à l'entrée en religion de Jacqueline [79], qui entraîne sa mort civile et donc l'ouverture de sa propre succession. Jacqueline fait de son frère son héritier universel, mais garde le droit de disposer de ses biens en cas de besoin. À noter que l'acte du 22 octobre ne porte que donation d'usufruit. Jacqueline, tout en favorisant son frère, ne peut oublier que sa sœur est aussi héritière de ses biens. Comme les dispositions prises par Blaise et Jacqueline ne produisent aucune réaction de la part de Gilberte, il semble bien que les trois enfants d'Étienne Pascal aient été d'accord pour régler sereinement les problèmes liés à la succession d'Étienne Pascal et à l'entrée de Jacqueline au couvent.

Un autre acte révèle une dot de Pascal à Louise Delfault, entrée au service des Pascal au moment de leur arrivée à Paris en 1631, vingt ans auparavant [80]. Pour compenser les gages irréguliers, et sans doute modestes, versés à une servante fidèle, les enfants d'Étienne Pascal s'engagent à lui verser une rente viagère de 400 livres. Ce genre d'arrangement est courant au XVIIe siècle, et la somme promise correspond à une pension alimentaire, comme celle versée pour une religieuse, identique à celle de l'entretien d'un enfant aux Petites Écoles. Même si Louise Delfault devient religieuse, la pension lui sera due. Blaise se comporte ainsi en véritable chef de famille. Mais il n'est pas le seul responsable de cette pension. Et, le 1er mars 1652, Jacqueline, Gilberte et Blaise s'engagent à payer chacun à Louise Delfault le tiers de ce qui lui est dû.

Noël 1651. L'installation rue Beaubourg

La mort d'Étienne Pascal met fin à la correspondance de la mère Agnès et de Jacqueline, la jeune fille ayant toute liberté pour se rendre à Port-Royal et y rencontrer les personnes qu'elle désire voir. Jacqueline et Blaise font face aux problèmes nés de la succession de leur père. Impossible de préciser dans quelle mesure ces soucis permettent à Jacqueline de séjourner à

Port-Royal. Mais une lettre de la mère Agnès adressée à la mère Marie-Dorothée de l'Incarnation Le Comte, prieure de Port-Royal des Champs, signale que Jacqueline Pascal vient de passer quelques jours à Port-Royal de Paris et s'en retourne chez elle, le soir du dimanche 5 novembre. C'est forcément après le 26 octobre, date de la dernière donation de Jacqueline à Blaise, que la jeune fille a commencé sa retraite à Port-Royal [81].

À Port-Royal, elle est admise à entrer au chœur. Elle semble y être déjà habituée, « comme une ancienne postulante », mais elle demeure toujours simple, acceptant de bon cœur les remarques de la mère Agnès au sujet de sa tenue. Une autre lettre de la mère Agnès, adressée vers la mi-novembre 1651 à la mère Marie-Dorothée de l'Incarnation Le Comte, signale que « Mademoiselle Pascal supplie très humblement qu'on prie Dieu pour sa délivrance, et la conversion de Monsieur son frère et de cette demoiselle qui l'a tant persécutée ». Il s'agit probablement de Louise Delfault, autrefois chargée par Étienne Pascal de surveiller étroitement Jacqueline. Une autre hypothèse a été avancée, celle d'une autre femme qui se trouverait alors avec Blaise et Louise Delfault, et qui aurait été en conflit avec Jacqueline. Mais aucun texte connu et explicite ne justifie cette hypothèse.

Florin et Gilberte Périer, ainsi que leurs filles Jacqueline et Marguerite, arrivent rue de Touraine à la fin de novembre 1651, Louis Périer étant resté à Clermont-Ferrand. Étienne Périer, qui se trouve déjà à Paris, ne retrouve les siens que peu de temps. Il est mis en pension aux Petites Écoles de Port-Royal, la mort de son grand-père l'ayant privé d'un éducateur compétent et attentif. Le 27 novembre 1651, Florin Périer rend compte aux cohéritiers d'Étienne Pascal de sa gestion des biens de ce dernier [82].

Dans la matinée du 11 décembre 1651, Blaise Pascal prend à bail un logement rue Beaubourg [83], sans attendre la fin du bail de la maison de la rue de Touraine, fixée au 1er octobre 1652. En effet la situation financière née de la mort d'Étienne Pascal contraint Blaise et Jacqueline à des économies. Le loyer du nouveau logement est de 275 livres, alors que celui de la rue de

Touraine était de 700 livres. Cette fois Blaise n'occupe pas toute une maison, mais deux étages (le deuxième et le troisième) d'un immeuble appartenant à Louis Fauveau, et dispose aussi d'une écurie et d'une cour. Le bail court à partir de Noël 1651. Ce jour-là, Blaise et Jacqueline s'installent dans une maison qui, depuis, a été rasée, mais qui devait se situer au n° 44 de l'actuelle rue Beaubourg.

Si la mort d'Étienne Pascal donne à Jacqueline la possibilité de devenir religieuse à Port-Royal, un obstacle se manifeste, inattendu, douloureux : Blaise ne désire pas que cette entrée en religion soit immédiate. Sachant ce que signifie la présence de Jacqueline au foyer, il espère qu'elle demeurera avec lui au moins un an [84]. Il demande donc à sa sœur de surseoir à une décision dont il sait pourtant l'importance. Jacqueline, consciente de tout ce que Blaise attend d'elle, et voyant son frère persuadé que seule une réponse positive est possible, n'ose lui répondre négativement, de crainte d'aviver sa douleur.

Quand les Périer arrivent rue de Touraine, Jacqueline exprime clairement à Gilberte sa volonté d'entrer à Port-Royal dès que les partages seront faits. Cependant, pour épargner Blaise, elle parlera d'une retraite dans le monastère, et non d'une entrée définitive en religion. La décision de Jacqueline est cependant irrévocable : elle entrera rapidement à Port-Royal, même si Blaise doit en souffrir, même si des problèmes d'argent risquent de se poser. Elle se sent appelée à un service précis dans l'Église dont elle est membre, et accepte les épreuves qui la touchent dans un esprit de complet renoncement.

Toute la famille étant maintenant réunie, il devient possible de régler les problèmes financiers en suspens. Effectivement, le dimanche 31 décembre 1651 a lieu le partage sous seings privés des effets liquides de la succession d'Étienne Pascal entre ses enfants. Dès lors plus rien ne s'oppose à l'entrée de Jacqueline à Port-Royal.

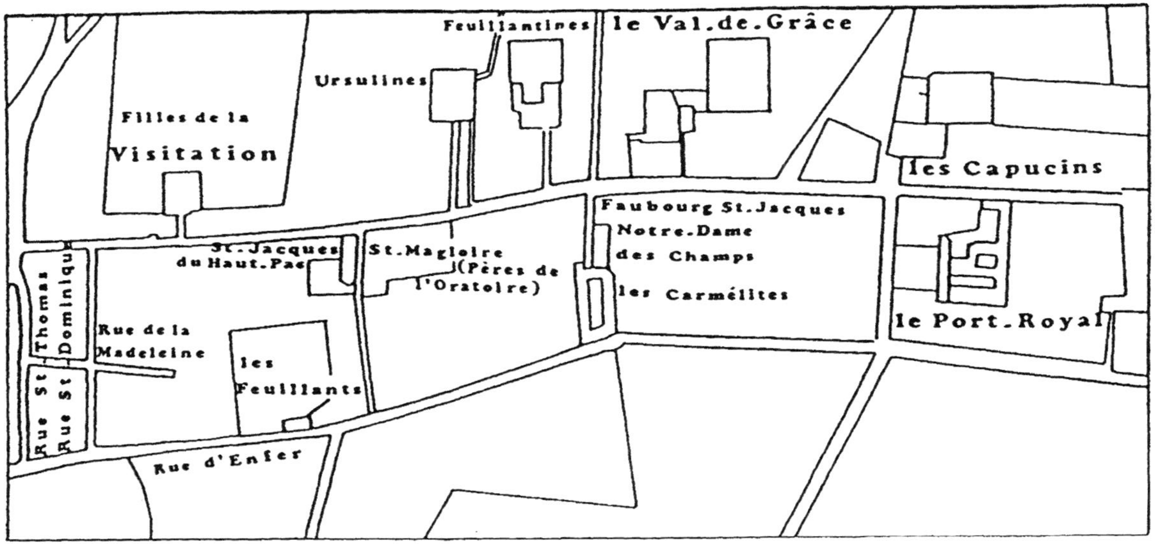

Le faubourg Saint-Jacques, à l'époque où Jacqueline Pascal se trouvait au monastère de Paris.

CHAPITRE III

RELIGIEUSE DE PORT-ROYAL DE PARIS, 1652-1659

4 janvier 1652. L'entrée à Port-Royal de Paris

Jacqueline ne se résout pas à quitter la maison de la rue Beaubourg sans en avertir Blaise. Le mercredi 3 janvier, elle demande à Gilberte de parler à leur frère dans la soirée, pour l'avertir de cette proche entrée à Port-Royal. Gilberte s'adresse à Blaise avec précaution, soulignant qu'il ne s'agit que d'une retraite pour mieux connaître la vie religieuse. Blaise est fort touché. Il se retire dans sa chambre sans chercher à voir Jacqueline, qui se trouve dans le petit cabinet où elle prie d'ordinaire. Elle ne quitte ce lieu qu'après s'être assurée que son frère est rentré dans sa chambre, car elle ne veut lui causer aucune souffrance supplémentaire. Gilberte dit à sa sœur les paroles de tendresse de Blaise. Et toutes deux se couchent.

Gilberte, l'esprit agité, ne dort guère. Sur les sept heures du matin, inquiète de n'entendre aucun bruit, elle se rend dans la chambre de Jacqueline, qui se réveille alors. Gilberte raconte ce que fut le départ de sa sœur : « Elle me demanda quelle heure il était : je lui dis, et lui ayant demandé comment elle se portait et si elle avait dormi, elle me dit qu'elle se portait bien et qu'elle avait fort bien dormi. Ainsi elle se leva, s'habilla et s'en alla, faisant cette action comme toutes les autres dans une tranquillité et une égalité d'esprit inconcevable. Nous ne nous dîmes point adieu, de crainte de nous attendrir, et je me détournai de son passage lorsque je la vis prête à sortir [85]. »

Jacqueline, à vingt-six ans et trois mois, entre donc à Port-Royal le jeudi 4 janvier 1652. Elle y restera, soit à Paris, soit aux Champs, jusqu'à sa mort le 4 octobre 1661. Au monastère du faubourg Saint-Jacques, elle retrouve la mère Agnès et Antoine Singlin, mais aussi la mère Angélique qui ne retourne aux Champs que dans le courant de janvier.

La fin du règlement de la succession d'Étienne Pascal

Les Périer demeurent rue Beaubourg jusqu'en mars. Des formalités à accomplir justifient leur présence à Paris. Le 12 février, Blaise donne quittance de rentes sur l'Hôtel de Ville devant les notaires Vassetz et Prieur. Le même jour, le partage du 31 décembre 1651 est juridiquement reconnu devant les mêmes notaires. Le 1er mars 1652, les enfants d'Étienne Pascal achèvent de régler la succession de leur père. Gilberte et Jacqueline prennent en charge une partie – un tiers chacune – de la rente constituée par Blaise à Louise Delfault le 23 octobre 1651. Par ailleurs les comptes sont définitivement arrêtés entre Florin Périer, Gilberte, Blaise et Jacqueline. Enfin Jacqueline donne procuration à Blaise pour recevoir loyers, rentes, argent quel qu'il soit [86].

Dès lors plus rien ne retient les Périer à Paris. Ils rentrent donc à Clermont-Ferrand. Heureusement Blaise connaît un temps où la maladie lui laisse quelque répit. Ce qui lui permet de travailler à peu près normalement. Les mathématiques, la physique, l'exploitation commerciale de la machine à calculer, des conférences (dont l'une a les honneurs de *La Muse historique* de Loret, le 14 avril 1652), remplissent bien ses jours. Les documents de cette période qui nous sont parvenus traduisent une bonne activité chez un homme agité par le départ de sa sœur, qui surmonte ses troubles en travaillant assidûment. Durant cette période mondaine, il associe malheureusement l'orgueil du monde à la passion de la vérité.

Les événements de la Fronde continuent à marquer durement la France en ce début de 1652. Mais c'est la province, notamment l'Anjou et l'Aquitaine, qui est touchée. Paris reste relativement calme. On y commente la nomination de Jean-François-Paul de Gondi au cardinalat (19 février 1652) et les mouvements de troupes qui se dirigent vers la Loire et reviennent vers la Seine. Rien ne laisse pressentir des événements dramatiques. Pourtant l'armée royale et celle des Princes se rapprochent dangereusement de Paris. Après les affrontements de Bléneau (7 avril) et d'Étampes, les troupes de Condé et les troupes royales commandées par Turenne se retrouvent sous les murs de Paris.

Le 2 juillet 1652, dans le combat du faubourg Saint-Antoine, Condé et les siens sont sauvés de justesse par la Grande Demoiselle, qui fait ouvrir la porte Saint-Antoine et tirer le canon de la Bastille sur les troupes royales. Plus de 2 000 morts rendent Condé maître de la capitale. Le 4 juillet, une assemblée d'environ 300 notables est convoquée à l'Hôtel de ville. Elle attend les princes (Monsieur, Condé, Beaufort), qui arrivent vers 17 heures et déclarent vouloir la paix quand Mazarin quittera le pouvoir. Les notables désirent surtout le retour du roi à Paris, sans le cardinal. Les princes quittent l'assemblée, qu'ils jugent trop modérée et pleine de partisans de Mazarin. Aussitôt le feu jaillit des mousquets. Le bilan de ce massacre se situe entre 200 et 300 morts.

Pour les responsables de Port-Royal, ce printemps 1652 est lourd de menaces. La sécurité de Port-Royal des Champs étant devenue précaire, il est décidé de ramener à Paris les religieuses qui sont aux Champs. Ce transfert se fait les 24 et 25 avril sous la conduite de la mère Angélique, au moyen de carrosses fournis par de fidèles amis. À peine la communauté des Champs est-elle installée à Paris que des religieuses étrangères se présentent au monastère du faubourg Saint-Jacques pour y trouver asile [87]. Dans une lettre du 27 septembre 1652, la mère Angélique parle de quatre cents religieuses de tous ordres qui sont passées à Port-Royal de Paris entre avril et septembre 1652. Mais tout cela n'empêche pas les religieuses vivant ordinairement au monastère du faubourg Saint-Jacques d'observer strictement ses règles.

« Si vous n'avez pas la force de me suivre, ne me retenez pas. »

Deux lettres de Jacqueline à Blaise (7-9 mai 1652) et à Gilberte (10 mai 1652) annoncent une importante nouvelle : sa prise d'habit de novice aura lieu le dimanche de la Trinité, le 26 mai [88]. La lettre à Blaise semble avoir été rédigée en plusieurs fois, entre le 7 et le 9 mai. Elle lui est portée le 9 mai, jour de l'Ascension, par M. Hobier, docteur en Sorbonne, un homme en qui Pascal a toute confiance. Si Jacqueline prend cette précaution, c'est qu'elle attend de M. Hobier un plaidoyer auprès de Blaise.

Sa lettre risque en effet de déclencher une violente réaction chez un frère encore bouleversé par le départ de sa sœur, incapable de concevoir une séparation définitive.

Pourtant la missive, à la fois vibrante et raisonnable, utilise tous les arguments propres à convaincre Blaise. Surtout elle parle d'une vocation qui la fait renoncer au monde pour appartenir au Seigneur. Ce n'est pas le monde qui la quitte, c'est elle qui l'abandonne pour se consacrer au service de l'Époux. Cette proche vêture vient couronner des années d'attente. Si Dieu s'est servi de Blaise pour lui « procurer le progrès des premiers mouvements de sa grâce », le seul auteur de sa vocation, c'est Dieu, Lui qui appelle et qui exauce. Après plus de quatre ans de prières et de luttes, Jacqueline peut enfin envisager une proche prise d'habit. Elle sait les agitations et les tourments de son frère, et tous les arguments qu'il peut avancer pour lui demander de retarder la cérémonie.

Toutes ces considérations sont vaines. Juridiquement Jacqueline n'a pas besoin de l'accord de Blaise. Elle désire cependant son acquiescement pour vivre cette cérémonie « avec joie, avec repos d'esprit, avec tranquillité ». Elle lui demande de ne pas s'opposer à la lumière divine qui l'éclaire : « Si vous n'avez pas la force de me suivre, ne me retenez pas. » La fin de la lettre traduit l'émotion d'une jeune femme qui ne parvient pas toujours à se contrôler. À de longs paragraphes fermes et modérés succèdent quelques phrases où le « tu » remplace le « vous », où son caractère bouillant s'exprime sans fard. Elle n'a que trop patienté. La prise d'habit aura lieu, avec ou sans son frère : « Ce n'est que par forme que je t'ai prié de te trouver à la cérémonie car je ne crois pas que tu aies la pensée d'y manquer. Vous êtes assuré que je vous renonce si vous le faites. »

Au reçu de la lettre, Blaise est outré. Le lendemain, vendredi 10 mai, il se présente au parloir de Port-Royal de Paris pour rencontrer Jacqueline. Un grand mal de tête le rend nerveux. Il semble quand même adouci. La vocation de sa sœur ne pouvant être discutée, il lui demande seulement de différer sa prise d'habit jusqu'à la Toussaint. Jacqueline demeure ferme dans sa décision, mais accepte de donner un peu de temps à Blaise pour qu'il puisse admettre la chose. Ce signe de compréhension et d'affection de Jacqueline calme Blaise et lui fait mieux prendre conscience de la peine de sa sœur à l'idée de retarder encore une cérémonie attendue depuis longtemps. Pourtant aucune décision n'est prise sur l'heure.

Le lendemain, samedi 11 mai, Jacqueline demande à Robert Arnauld d'Andilly d'intervenir. Celui-ci manifeste tant de chaleur et tant d'adresse que Blaise finit par accepter la décision de Jacqueline et s'adoucit en songeant à la peine de sa sœur si la cérémonie devait encore être différée. Comme il devient impossible de remettre la cérémonie en un temps lointain, il donne son accord le jour de la Trinité.

La lettre de Jacqueline à Gilberte du 10 mai 1652 n'a rien d'une plaidoirie destinée à convaincre. Il s'agit de préciser la date de la vêture, de raconter la réaction de Blaise, de manifester la joie de quelqu'un qui voit un grand projet se réaliser. En même temps Jacqueline craint que ce ne soit une illusion tant que la cérémonie n'aura pas eu lieu. Elle rappelle le psaume 48, 9 (*Vulgate* 47) : « Ce que nous avions entendu dire (...), nous l'avons vu dans la ville de notre Dieu. » Elle n'a pas été trompée dans son attente, car tout ce qu'elle a espéré va se concrétiser. En avertissant ainsi sa sœur, elle ne doute pas d'une réaction positive, riche de joie.

26 mai 1652. Sœur Jacqueline de Sainte-Euphémie

La cérémonie de vêture a donc lieu le dimanche de la Trinité, le 26 mai 1652. Jacqueline n'est pas seule à prendre l'habit. Avec elle se trouve une fille d'Arnauld d'Andilly, Mlle de Luzancy (1630-1700), qui prend le nom de sœur Marie-Angélique de Sainte-Thérèse, et une autre sœur que la famille Pascal ne connaît pas.

Blaise est présent aux côtés d'Arnauld d'Andilly, alors âgé de soixante-trois ans. Grâce aux *Constitutions* du monastère de Port-Royal*, qui consacrent un chapitre à *La manière de donner l'habit de novice* et un chapitre aux *Pensées sur la cérémonie de la vesture* [89], il est possible de suivre la future novice tout au long de cette cérémonie.

Jacqueline, vêtue d'un habit fort modeste, sort du monastère pour aller vers son frère. Elle est conduite dans la chapelle du monastère. Là on la dirige près du balustre de l'autel, au lieu qui lui a été préparé. Elle y entend la messe célébrée par le supérieur de l'abbaye, Antoine Singlin. À l'offertoire, l'acolyte lui donne un cierge allumé pour aller à l'offrande, où Blaise la conduit. Le cierge est placé dans un chandelier et brûlera jusqu'à la fin de la messe. Jacqueline revient à sa place. Pendant le sermon, elle se place sur une chaise particulière, proche de la grille de l'avant-chœur, devant la chaire où Antoine Singlin prononce un sermon approprié à la circonstance. Les habits de la future novice, le bénitier et l'encensoir étant disposés comme il convient, Blaise conduit Jacqueline devant M. Singlin.

Quand elle est à genoux, celui-ci l'interroge : « Ma fille, que demandez-vous ? » Réponse : « La miséricorde de Dieu et la vôtre, mon Père, pour me disposer à entrer dans le monastère et y prendre l'habit de religieuse. » Viennent ensuite des prières, la bénédiction des habits, puis celle du voile. Jacqueline reçoit un cierge allumé et un crucifix, qu'elle prend en main. M. Singlin jette de l'eau bénite sur les habits, puis les encense. Accompagnée du célébrant, des acolytes et de Blaise, Jacqueline se dirige alors vers la porte du monastère dont elle va devenir novice. Cette porte est ouverte. De l'autre côté sont les religieuses à genoux. Antoine Singlin leur donne sa bénédiction sans rien dire et aussitôt elles se lèvent. Après cela, Jacqueline se met à genoux devant le prêtre qui prononce une prière. Jacqueline alors prend congé de Blaise. M. Singlin la présente à l'abbesse. Jacqueline se met à genoux devant la mère Angélique, qui lui coupe quelques mèches de cheveux. Jacqueline est conduite dans un lieu proche, où elle enlève ses habits du monde pour revêtir ceux de religion. La mère Angélique conduit à la grille celle qui est maintenant novice. Jacqueline se met à genoux devant le célébrant. Puis elle s'agenouille devant l'abbesse, qui lui donne le baiser de paix. Elle se dirige alors vers les autres sœurs, qui sont maintenant derrière la grille, et dit ces simples mots : « Priez pour moi. » Puis elle revient se mettre à genoux devant le célébrant. La mère Angélique dit : « Bénissez-nous, Seigneur. » Et le célébrant termine la cérémonie en bénissant la communauté.

La nouvelle novice se place sous le patronage d'Euphémie, vierge martyrisée sous Dioclétien, le 16 septembre 303 en Chalcédoine. Euphémie et quarante-neuf autres chrétiennes refusent d'offrir un sacrifice au dieu Arès et sont livrées aux bêtes. Jacqueline de Sainte-Euphémie Pascal commence ainsi sa vie de religieuse de Port-Royal sous l'égide d'une des vierges martyres les plus honorées de l'Église grecque.

Donation à Port-Royal

Au lendemain de la cérémonie de vêture, deux nouveaux actes notariés complètent tout ce qui a été fait précédemment pour régler les problèmes financiers inhérents à la nouvelle situation de Jacqueline. Le 8 juillet 1652 après-midi, au parloir de Port-Royal, devant les notaires Lebert et Guyon, Blaise et Jacqueline précisent les modalités de l'option de Blaise sur les biens de Jacqueline jusqu'à concurrence de la somme de 16 000 livres, cette somme correspondant aux deux donations faites par Jacqueline les 20 et 23 octobre 1651. Un autre acte est ensuite signé par Blaise, mère Angélique, abbesse, et les deux notaires. Il s'agit de la donation par Blaise à Port-Royal d'une somme de 4 000 livres tournois. Comme il est de règle pour les actes de ce genre, la donation est insinuée le 6 août 1652 au Châtelet par Siméon Akakia, procureur de Pascal et de Port-Royal [90]. Blaise répond ainsi au désir de Jacqueline. La loi interdisant à une novice de verser quoi que ce soit au monastère, c'est par le moyen de son frère que Jacqueline entend léguer une part de ses biens à Port-Royal. Blaise donne effectivement une somme importante au monastère, avec deux conditions : cet argent ne sera versé qu'à sa mort et seulement s'il meurt sans enfants.

Sans dot ?

Vers la fin octobre 1652, Blaise se rend à Clermont-Ferrand où il demeure jusqu'en mai 1653. En arrivant, il apprend que Florin et Gilberte Périer viennent d'acquérir le château de Bien-Assis [91]. En effet, le 20 septembre 1652, Florin Périer a acheté ce château situé au nord de Clermont-Ferrand, à proximité de la ville, sur la paroisse Saint-Bonnet, dite aussi Saint-Ferréol. Il en a coûté 32 000 livres aux Périer. Bien-Assis étant surtout une résidence d'été pour les Périer, Blaise passe l'hiver 1652-1653 dans leur maison de Clermont-Ferrand. Au cours de ce séjour, il règle définitivement la succession d'Étienne Pascal et divers problèmes financiers assez délicats. Vers la fin de l'année, il apparaît que Marguerite Périer, six ans et demi, commence à souffrir d'un mal à l'œil gauche.

Au printemps 1653, sans doute fin avril-début mai, Jacqueline écrit à sa famille. Elle va pouvoir faire profession à Port-Royal. Et à la veille de sa mort civile, elle veut régler le problème de ses biens [92] et songe à faire une importante donation à Port-Royal. Selon Racine elle envisage de donner tout son bien au couvent [93]. Pour la mère Angélique de Saint-Jean, il s'agit de 20 000 francs [94]. De toute façon la somme envisagée est considérable. Ces projets de Jacqueline s'opposent aux lois en vigueur, tant civiles que canoniques. Selon l'usage, une nouvelle religieuse peut être pourvue d'une dot qui doit permettre son entretien, soit 400 livres ou environ par an. Pour les plus aisées, il est habituellement demandé la somme de 500 livres. Les responsables de Port-Royal tiennent beaucoup à observer des principes solidement établis qui permettent d'échapper aux abus possibles. Quand les religieuses font profession avant leur majorité, la dot est constituée par la famille. Pour Jacqueline, la situation se présente de façon différente. Majeure et disposant donc d'une certaine liberté dans le cadre des lois en vigueur, elle entend aller plus loin que la dot ordinairement admise. Elle veut être pour Port-Royal une bienfaitrice, autant pour manifester son mépris des biens terrestres que pour contribuer à la vie et au développement d'un monastère fort cher à son cœur. C'est dans ce sens qu'elle écrit à Blaise et à Gilberte.

Ceux-ci lui répondent vers la mi-mai 1653, chacun de leur côté (Florin tenant la plume pour Gilberte) dans la même perspective [95] : faire don au monastère de Port-Royal de biens qui normalement reviennent à sa famille, c'est en fait priver Blaise et les Périer de leur part d'héritage. Par ailleurs la fortune de Jacqueline n'est pas immédiatement disponible, les différents lots d'héritage devant se garantir mutuellement. Au cas où certains créanciers ne paieraient pas leurs dettes, c'est ensemble que les héritiers d'Étienne Pascal devront faire face à cette situation nouvelle. En conséquence Blaise et les Périer acceptent de payer une dot, mais sans aller au-delà des usages habituels. Compte tenu de la situation, il leur semble plus sage de différer la profession. Jacqueline parle d'un délai de quatre ans envisagé par les siens.

Les lettres de Blaise et des Périer, que Jacqueline reçoit entre le 20 et le 25 mai 1653, déclenchent une véritable crise chez Jacqueline, qui s'en ouvre à la mère Agnès, puis à Antoine Singlin [96]. Ceux-ci tentent de donner au problème une dimension moins dramatique. La mère Angélique, consultée à son tour, conseille à Jacqueline d'abandonner tout son bien aux siens. Antoine Singlin se rallie à la pensée de l'abbesse car il connaît bien Blaise, Gilberte et Florin Périer, et il pense que ces gens raisonnables seront capables de faire face équitablement aux problèmes posés par Jacqueline et de payer la dot de la future professe.

Jacqueline, blessée à l'idée d'être acceptée sans dot, humiliée de voir ses projets contrecarrés, consent pourtant à écrire à Blaise et aux Périer qu'elle renonce à tous ses biens. Blaise ne lit pas immédiatement cette lettre adressée à Clermont-Ferrand, car il revient à Paris fin mai. Florin Périer la fait suivre à Blaise, qui ne la reçoit que le 6 juin [97].

Celui-ci rend visite à sa sœur dès son arrivée dans la capitale. Entrevue douloureuse, dont Jacqueline parle avec tristesse et émotion. Elle annonce à Blaise son intention de ne pas différer sa profession, et donc d'être reçue gratuitement à Port-Royal [98]. Mais Blaise lui fait savoir qu'il envisage de payer la dot habituelle à Port-Royal de Paris.

Le mardi 3 juin 1653, tout est prêt pour la signature des actes notariés. Blaise vient au parloir avec les notaires Bonot et Baudry afin que soient apposées les signatures. La mère Angélique, fort indisposée, s'excuse de n'être pas présente. Jacqueline fait alors son testament, comme cela est nécessaire avant de faire profession. Ce document ayant disparu, il est pourtant possible de conjecturer qu'il donnait tous les biens de la future professe à Blaise. Une chose est cependant certaine : ce testament comportait un legs de 100 livres à Louise Delfault.

Le lendemain, mercredi 4 juin, Blaise revient au parloir de Port-Royal de Paris [99] avec les notaires Bonot et Baudry pour signer son acte de donation à Port-Royal. Blaise donne au monastère 1 500 livres de rentes sur l'Hôtel de ville. En fait, suite aux retranchements effectués sur ces rentes, cela se réduit à 500 livres. C'est quand même plus que les 400 livres alors en usage. Cette rente n'est pas une simple rente viagère, mais une rente perpétuelle. Au denier 18 *, elle correspond à un capital de 9 000 livres. Par le même acte, Blaise s'engage également à verser avant six mois 5 000 livres aux religieuses. En retour, celles-ci lui verseront jusqu'à sa mort une rente au denier 20, soit 250 livres par an. Bien entendu, cette donation annule celle du 8 juillet 1652.

Se détacher de son propre détachement

Jacqueline manifeste dans ces problèmes matériels une sensibilité exacerbée. Là où d'autres auraient exprimé quelques soucis, elle pleure, éprouve le besoin de se mettre dans les bras de la mère Angélique [100], de parler de ses problèmes, d'en écrire longuement. Loin de prendre du recul par rapport aux questions pécuniaires et de concentrer toutes ses forces sur sa proche profession, elle exagère l'importance des discussions relatives à un problème réel mais non primordial. Est-elle vraiment détachée du monde et surtout d'elle-même ?

Dans les *Dialogues des Carmélites* [101], Georges Bernanos écrit : « L'habitude finit par détacher de tout. Mais à quoi bon, pour une religieuse, être détachée de tout si elle n'est pas détachée de soi-même, c'est-à-dire de son propre détachement. » Là se trouve bien le vrai problème de Jacqueline. Avec beaucoup de lucidité, la mère Angélique lui montre qu'à la veille de sa profession elle est loin de se détacher de son propre détachement. Quand la jeune fille a renoncé au monde avec beaucoup de facilité, ce n'était pas une épreuve, dans la mesure où Jacqueline était déjà fort détachée d'une réalité humaine qui ne lui donnait guère de vraie joie. Le noviciat, qui répondait à une attente, n'a pas été non plus un temps difficile. L'épreuve de la dot traduit la nécessité d'un double renoncement, d'une part à tous les biens terrestres, d'autre part à la famille. Pour la mère Angélique, ce n'est pas l'importance des biens en jeu qui compte, mais le fait de s'attacher à des biens terrestres, aussi modestes soient-ils. Par ailleurs il lui faut rompre les liens qui la relient étroitement à sa famille. C'est l'heure du dépouillement total. Selon la mère, ces épreuves autour de la profession traduisent une soif d'héroïsme qui ne semble guère compatible avec l'humble détachement d'une religieuse. Elle explique à Jacqueline le sens spirituel de cette épreuve : « Vous ne songiez point à vous défaire de cette affection et cette estime que vous aviez pour vos proches, parce qu'il ne vous paraissait rien que d'innocent : et en effet tout cela était en soi fort permis et fort légitime. Cependant vous voyez que Dieu demande en vous plus de détachement. » Et de lui montrer comment ces épreuves l'ont éclairée sur ses parents, en particulier sur la manière dont Blaise appartient encore au monde. Bien sûr un miracle est possible. Mais la mère ajoute : « Vous savez bien qu'on ne doit jamais s'attendre aux miracles. » Si, justement, répond Jacqueline : « J'avais cru avoir le droit d'espérer un de ces miracles, puisqu'il y en avait des exemples dans notre famille plus extraordinaires que celui-là. » La mère Angélique ramène alors Jacqueline à une vision de l'amour qui ne fait pas appel à l'extraordinaire, au miracle. Elle lui demande simplement d'aimer les siens et de ne leur témoigner aucun ressentiment. Elle conseille à Jacqueline d'écrire à sa famille, en ajoutant : « Mais souvenez-vous qu'à tout cela vous devez écrire et parler sincèrement ; car il faut éviter d'un côté de le faire par orgueil et par courage, en disant : nous aurons plus de générosité que vous. Si nous le faisions par ce principe-là, cela ne vaudrait rien du tout. » Jacqueline entend bien les avertissements de la mère Angélique et prend conscience de ses fautes à l'égard de Dieu et des hommes. Elle les avoue tout uniment à la fin de sa *Relation* et demande à la mère Marie-Dorothée de l'Incarnation Le Comte, prieure de Port-Royal des Champs, de joindre ses prières aux siennes pour que le Seigneur lui pardonne les erreurs commises dans cette affaire. Dans ce commencement laborieux, Jacqueline apprend, comme le dira si bien son frère, qu'il faut « s'offrir par les humiliations aux inspirations [102] ». Elle découvre aussi qu'elle doit se laisser déposséder de toute volonté propre. La mère Agnès, bien consciente des problèmes de la novice, lui défend de faire aucun effort pour que réussissent les choses qu'elle désire. Enfin, Jacqueline entend l'exhortation d'Antoine Singlin : « Il faut en toutes choses se rendre neutre en se dépouillant de tout intérêt. »

5 juin 1653
Jacqueline de Sainte-Euphémie, professe de Port-Royal

Le vendredi 6 juin 1653, Blaise écrit à Florin Périer pour accuser réception de sa lettre, qui contenait celle de Jacqueline. Blaise n'a plus besoin de lire le message de sa sœur, car tout a été dit au parloir et tout ce qui pouvait être fait l'a été [103]. La veille, jeudi 5 juin, Blaise a assisté à la profession de sa sœur à Port-Royal. Pourquoi cette hâte à s'engager définitivement ? L'ardeur impatiente de Jacqueline ? Certainement. Mais aussi la volonté des responsables de Port-Royal. Comme l'écrit Blaise : « MM. de Port-Royal craignaient qu'un petit retardement en apportât un grand et voulaient la hâter par cette raison qu'ils espèrent la mettre bientôt dans les charges. » Dans les *Vies intéressantes et édifiantes des religieuses de Port-Royal* [104], se trouve une confirmation de ce désir de Port-Royal de confier rapidement des responsabilités à une sœur riche de qualités : « Comme on la jugea capable de remplir les emplois les plus difficiles, on l'employa de bonne heure, surtout à former les postulantes et les enfants à la piété, et ensuite les novices. Elle aurait été certainement élevée aux plus grandes charges si elle ne fût pas morte jeune. »

Jacqueline fait profession le jeudi 5 juin en compagnie de Marguerite de Sainte-Gertrude du Pré et Marie de Sainte-Aldegonde de Pommares. Toutes trois sont reçues à la profession par M. de Sainte-Beuve. La mère Agnès, dans une lettre du 6 juin 1653, rend grâces pour la qualité de ces trois nouvelles sœurs, « âmes d'oraison (...), personnes rares pour la solidité de la vertu » [105].

Les *Constitutions du Monastère de Port-Royal* consacrent un chapitre à *La manière des filles à la profession* et un chapitre à des *Pensées sur la cérémonie de la profession*. Ce qui permet de suivre le déroulement de cette cérémonie. Selon Jacqueline, Antoine Singlin prêche « miraculeusement bien ». Blaise ne mentionne pas cette prédication dans sa lettre du 6 juin à Florin Périer. Il ne semble pas décidé à louer l'attitude de ceux de Port-Royal, y compris d'Antoine Singlin. Ou peut-être n'a-t-il pas été impressionné par le sermon du 5 juin. Le mardi 10 juin, Jacqueline écrit une longue lettre à la mère Marie-Dorothée de l'Incarnation Le Comte. Il s'agit d'une véritable relation des événements qui ont conduit Jacqueline à la journée du 5 juin. Les problèmes rencontrés sont mis à nu, mais aussi les grâces éprouvées au cours du cheminement qui a conduit la jeune fille à devenir religieuse là où elle avait envie de l'être. Jacqueline termine son message en demandant aux religieuses des Champs de prier pour obtenir de Dieu cette miséricorde dont elle a grand besoin, à savoir « de vivre et mourir en vraie religieuse du Saint-Sacrement et de la maison de Port-Royal » [106].

Le 9 juin, Blaise fait insinuer la donation du 4 juin. Très vite il verse à Port-Royal les cinq mille livres prévues dans cet acte du 4 juin. Une quittance des religieuses en date du 5 septembre 1653 atteste que ce jour-là Port-Royal se trouve bien en possession des cinq mille livres, et que Blaise a fait diligence en la matière [107].

Le 31 juillet 1653, Jacqueline écrit longuement à Florin Périer. Elle répond à un billet alarmant daté du 24 juillet. Billet si tragique qu'au dire de Jacqueline il ne « laisse presque plus aucun lieu d'espérer ». En effet Gilberte, toujours à Clermont-

Ferrand avec les siens, arrive au terme d'une grossesse éprouvante, et il semble que sa vie soit en danger [108]. La lettre de Jacqueline, pleine de tendresse pour les Périer, et particulièrement pour Gilberte, veut placer les épreuves de la famille dans la perspective de l'acceptation de la volonté de Dieu et d'un bon usage de la maladie. Heureusement Gilberte accouche sans grand problème d'un petit Blaise le 26 juillet. Quand Jacqueline écrit sa lettre si affectueuse le 31 juillet, il y a déjà cinq jours que l'enfant est né et que tout danger semble écarté [109].

« Mon pauvre frère. »

Dans sa lettre à Florin Périer du 31 juillet 1653, Jacqueline cite, parmi les sujets de prière, « son pauvre frère », si brillant mais si peu consacré à Dieu. Il convient de demander au Seigneur qu'Il daigne « le faire rentrer dans lui-même et lui ouvrir les yeux sur la vanité de toutes les choses du monde ». Apparemment Blaise se tourne plutôt vers des amitiés humaines que vers Dieu. Durant l'été 1653 une véritable intimité se noue entre lui et le duc de Roannez. D'autres personnes, en particulier le chevalier de Méré et Damien Mitton, entrent dans le champ de ses relations [110]. Peut-être même a-t-il à cette époque d'autres projets ? En effet, au témoignage de Marguerite Périer, Blaise prit à un moment de sa vie, peut-être au cours de l'été 1653, « la résolution de suivre le train commun du monde, c'est-à-dire de prendre une charge et de se marier. Il jeta la vue et sur une fille et sur une charge » [111]. De toute façon une prescription médicale se trouve à l'origine de ce changement de perspective de vie. Selon Gilberte, les remèdes donnés à Blaise « lui donnèrent quelque soulagement, mais non pas une santé parfaite. De sorte que les médecins crurent que, pour le rétablir entièrement, il fallait qu'il renonçât à toute occupation d'esprit qui eût quelque suite, et qu'il cherchât autant qu'il pourrait toutes les occasions de se divertir l'esprit à quelque chose qui l'appliquât et qui lui fût agréable, c'est-à-dire aux conversations ordinaires du monde ; car il n'y avait pas d'autres divertissements convenables à mon frère » [112]. Blaise ne semble pas persuadé de l'efficacité d'une telle thérapeutique. Il faut l'insistance de ses amis pour le convaincre. Mais les arguments employés paraissent bien spécieux aux yeux de sa famille et de certains de ses amis. Pour Jacqueline, le chrétien ne doit jamais céder à la tentation des alibis de la santé et de l'humaine faiblesse. Plus que d'autres, elle souffre de voir « celui qui lui avait fait connaître le néant du monde s'y plonger lui-même par de tels engagements ». Elle exhorte son frère à y renoncer, ne pouvant souffrir que celui à qui elle doit tant de grâces ne soit pas lui-même au bénéfice de telles grâces. Le frère et la sœur se rencontrent souvent au parloir de l'abbaye. Jacqueline y entretient son frère de la joie du don total à Dieu et de la vanité du monde. Blaise discute, résiste un peu mais consent finalement à revoir l'ensemble de sa vie à la lumière de Dieu. « La raison de santé, qui l'avait touché auparavant, lui parut si pitoyable qu'il en eut honte lui-même. La lumière de la vraie sagesse lui fit voir à découvert que le salut devait être préférable à toutes choses, et que c'était raisonner faux que de s'arrêter à un bien passager de notre corps quand il s'agissait du bien éternel de notre âme. Il avait trente ans quand il résolut de quitter ces nouveaux engagements qu'il avait dans le monde [113]. »

Au cours de l'été et de l'automne 1653, Blaise éprouve effectivement « un grand mépris du monde et un dégoût presque insurmontable de toutes les personnes qui en sont » [114]. Il prend alors d'importantes décisions en vue d'une nouvelle vie tournée vers Dieu. Selon la formule de Gilberte, « il témoigna si bien qu'il voulait quitter le monde que le monde enfin le quitta ». Pourtant cette période qui va de l'été 1653 à septembre 1654 est pour Blaise une période de grande activité, tant en ce qui concerne les sciences que les mathématiques. Mais le savant n'élimine pas facilement les questions fondamentales de sa vie par un travail assidu.

Blaise vient voir Jacqueline en septembre 1654. Celle-ci rapporte [115] l'entretien en ces termes : au cours de cette visite, « il s'ouvrit à moi d'une manière qui me fit pitié, en m'avouant qu'au milieu de ses occupations qui étaient grandes, et parmi toutes les choses qui pouvaient contribuer à lui faire aimer le monde, et auxquelles on avait raison de le croire fort attaché, il était de telle sorte sollicité de quitter tout cela, et par une aversion extrême qu'il avait des folies et des amusements du monde, et par le reproche continuel que lui faisait sa conscience, qu'il se trouvait détaché de toutes choses d'une telle manière qu'il ne l'avait jamais été de la sorte, ni rien d'approchant ».

« Ce n'est plus son esprit naturel qui agit en lui. »

Le 8 décembre 1654, Jacqueline écrit à Gilberte [116] pour lui annoncer une nouvelle réjouissante : Blaise « est par la miséricorde de Dieu dans un grand désir d'être tout à lui, sans néanmoins qu'il ait encore déterminé dans quel genre de vie ». Jacqueline remarque chez son frère une humilité et une soumission, même envers elle, qui la surprend. Il « paraît clairement que ce n'est plus son esprit naturel qui agit en lui ».

Jacqueline ignore qu'un événement majeur a bouleversé la vie de son frère au cours de la nuit du 23 au 24 novembre. Elle ne le saura jamais. Car sa mort précède celle de Blaise et la découverte du *Mémorial* qui rapporte ce qui s'est passé cette nuit-là « depuis environ dix heures et demie du soir jusques environ minuit et demi ». Blaise a la révélation que le Dieu Vivant n'a rien à voir avec le Dieu « des philosophes et des savants », mais qu'il est le Dieu de l'Alliance, « Dieu d'Abraham, Dieu d'Isaac, Dieu de Jacob (...), Dieu de Jésus-Christ », qui ne se trouve que dans les voies enseignées dans l'Évangile. « Joie, joie, joie, pleurs de joie. »

Le 1er décembre 1655, Jacqueline écrira à son frère une lettre [117] dont nous ne connaissons qu'un bref mais intéressant fragment. Jacqueline met en garde Blaise contre un excès d'ascétisme. Celui-ci a rangé « les balais au rang des meubles superflus ». Il est aussi sale que sa maison, ce qui ne semble pas à Jacqueline un heureux témoignage de sa vie nouvelle. Elle lui rappelle l'attitude de Bernard de Clairvaux qui aima toujours la pauvreté dans les habits, mais non la saleté et les ordures, qui refusait les signes d'une vaine complaisance envers soi-même que sont la négligence ou la paresse dans le comportement humain.

Au matin du 25 mars 1656

Début décembre 1653, Gilberte vient à Paris avec Jacqueline, baptisée le 2 août 1644, et Marguerite, née le 5 avril 1646. Blaise les accueille rue Beaubourg. La raison de ce voyage dans la capitale se trouve dans un œil malade de Marguerite Périer. Cette enfant souffre à l'œil gauche d'une fistule lacrymale qui ne peut être guérie que par le feu, selon les médecins de Clermont-Ferrand. Gilberte vient donc à Paris pour soigner le mal par le feu. Blaise et Gilberte consultent des médecins et des chirurgiens qui confirment le diagnostic de leurs confrères de Clermont-Ferrand : cette fistule lacrymale qui touche aussi le nez, sera difficile à guérir, et elle ne pourra l'être que par le feu. Il faut attendre le printemps pour entreprendre les premiers soins, sans aucune garantie de succès. Avant d'en arriver là, la famille décide d'avoir recours à une manière d'opérateur fort estimé qui promet la guérison en six mois, sans feu, par le moyen de quelques eaux. La famille s'en remet pour un temps à ce guérisseur. Gilberte devant rentrer à Clermont-Ferrand, il est décidé de confier les deux filles au monastère du faubourg Saint-Jacques, où se trouve leur tante Jacqueline. Le 12 janvier 1654, Jacqueline et Marguerite Périer entrent à Port-Royal de Paris comme pensionnaires. La cure d'eaux, qui se termine en août 1655, ne donne aucun résultat. Le mal ne cesse d'empirer et Marguerite souffre d'une fièvre lente qui l'épuise. Le 24 mars 1656, Jacqueline Pascal écrit à Florin et Gilberte Périer en insistant sur la nécessité d'opérer rapidement leur fille. Cette lettre, maintenant perdue, leur arrive le 28 mars.

Le samedi 25 mars, de bon matin, Jacqueline est avertie par la mère Agnès que Marguerite Périer se trouve guérie depuis la veille au soir. Jacqueline se rend immédiatement auprès de sa nièce et ne peut que constater sa complète guérison. Le mardi 28, elle écrit à sa sœur et à son beau-frère [118] afin de les informer que leur fille Jacqueline sera confirmée et fera sa première communion le dimanche 2 avril. Et d'ajouter : « Voilà une bonne nouvelle ; mais j'en ai encore une autre qui n'est pas en effet meilleure, mais elle est plus étonnante. » Jacqueline Pascal fait alors le récit de la journée du vendredi 24, où l'abbesse, la mère

Suireau, permet que soit installé dans l'église un petit autel appartenant à Pierre Le Roy de La Poterie. En effet, cet ecclésiastique a prêté à Port-Royal de Paris un fort beau reliquaire où est enchâssé un éclat d'une épine de la sainte Couronne. Toutes les sœurs chantent une antienne en l'honneur de la sainte Couronne, puis se mettent à genoux pour embrasser la relique. Après quoi, les pensionnaires viennent l'une après l'autre. La sœur Catherine de Sainte-Flavie Passart, maîtresse des pensionnaires, toute proche du reliquaire, dit à Marguerite Périer de faire toucher son œil malade à la sainte relique. La sœur Flavie, dans un geste instinctif, prend elle-même le reliquaire et l'applique sur l'œil de l'enfant. Vers le soir, la sœur Flavie entend Marguerite dire à une des pensionnaires : « Mon œil est guéri, il ne me fait plus de mal. » Toute surprise, Flavie s'approche et trouve que l'enflure, qui le matin était grosse, longue et dure, a disparu. Les deux yeux sont sains, sans qu'aucune trace apparaisse sur l'œil qui était malade. La sœur Flavie se contente d'avertir la mère Agnès en attendant que la guérison soit confirmée.

Jacqueline Pascal, obligée d'interrompre sa lettre, la poursuit le vendredi 31 mars en attestant que Marguerite Périer a bien été guérie en un instant « par un miracle aussi grand et aussi visible que de rendre la vue à un aveugle ». Le maître chirurgien Martin Dalencé est attendu dans la journée. Un post-scriptum signale que M. Dalencé a vu Marguerite. Dans l'après-midi du 31 mars, Jacqueline reprend la plume pour raconter l'examen détaillé de l'œil et de la bouche de Marguerite auquel s'est livré M. Dalencé. Pour lui, cela n'a pu se faire sans miracle. Il a cependant exhorté la maison à n'en faire aucune mention, de peur des faux jugements qui pourraient se manifester.

Florin Périer arrive à Paris le jeudi 4 mai et apprend de Blaise Pascal ce qui est arrivé à Marguerite. Le lendemain, il se rend à l'abbaye du faubourg Saint-Jacques et rencontre à la grille Jacqueline et Marguerite, laquelle ne porte plus la moindre trace d'infection à l'œil gauche et présente à son père un visage souriant.

Le lundi 12 juin, Jacqueline Périer et quatorze religieuses font leur déposition au sujet de la guérison de Marguerite Périer. Sœur Jacqueline de Sainte-Euphémie Pascal, « après serment par elle prêté sur les saints vœux de religion de dire la vérité », témoigne à son tour [119]. Elle raconte ce qu'elle sait de la guérison de sa nièce « et que, depuis ce jour, elle l'a toujours vue en parfaite santé et sans aucune incommodité de toutes celles que son mal lui avait causées, dont elle rend grâces à Dieu ».

Vers de Jacqueline de Sainte-Euphémie sur la guérison « extraordinaire » de Marguerite Périer

Dans une lettre de mars 1663 à Renaud de Sévigné [120], la mère Agnès envoie à celui-ci de quoi « occuper agréablement une demi-heure ». Il s'agit des vers de Jacqueline de Sainte-Euphémie sur la guérison de Marguerite Périer. La mère témoigne qu'elle se trouve à l'origine de cette initiative. Sans en parler à personne, elle a demandé à Jacqueline de rédiger cette « description du premier miracle de la sainte Épine ». La mère Agnès est réprimandée, la communauté estimant « que ce n'est point à une religieuse de Port-Royal de se produire ».

En devenant religieuse, Jacqueline Pascal avait abandonné ses goûts et ses dons pour la poésie. Elle répond cependant à la demande de la mère Agnès et rédige vers novembre 1656 non une simple description de la guérison de sa nièce mais une véritable petite épopée [121] en vingt-cinq strophes de dix alexandrins. Elle demande au Dieu de Jésus-Christ de jeter les yeux sur elle-même pour en faire « sortir ce feu qui change tout en soi ». Puis Jacqueline rappelle les circonstances de la guérison de sa nièce qui a eu lieu le 24 mars, jour de l'institution de la Sainte Cène (le 14 nisan du calendrier hébraïque correspondant au 24 mars du calendrier grégorien). Pour terminer, elle demande à Dieu de lui accorder la faveur,

De rentrer dans mon centre avec plus de ferveur,
Et de ne plus sortir du secret de [s]a face.

Dans les strophes III à V, elle évoque son Auvergne natale, Clairmont (Clermont) et le fait que Marguerite Périer est la « fille d'un sénateur » qui rend la justice de façon équitable. Port-Royal exige la suppression de ces strophes jugées trop personnelles. De ce fait elles disparaissent de certaines versions du poème de Jacqueline.

Maîtresse des enfants et des novices

Si l'année 1656 apporte aux religieuses de Port-Royal et aux augustiniens le réconfort de l'audience obtenue par la guérison de Marguerite Périer et par le succès croissant des *Provinciales* (la seizième est datée du 4 décembre 1656), bien des inquiétudes demeurent dans leur pensée et dans leur cœur. Antoine Arnauld a été exclu de la Sorbonne, les Solitaires et les écoliers résidant aux Champs et aux Granges ont été dispersés du 18 au 22 mars, des libelles émanant de quelques jésuites tentent de répondre aux *Provinciales*, le roi invite l'Assemblée générale du Clergé de France à « consommer l'affaire du jansénisme ». Et, le 16 octobre, le pape Alexandre VII fulmine* la bulle* *Ad sacram beati Petri sedem* [*Au trône sacré de saint Pierre*] pour tenter de mettre fin aux contestations en cours.

Cette situation générale difficile ne change rien à la vie quotidienne des religieuses. Elle se déroule selon les règles habituelles, sous la direction de la mère Marie des Anges Suireau, élue abbesse le 26 novembre 1654 et réélue le 1er décembre 1657. Jacqueline, en qui Port-Royal place de sérieux espoirs, a commencé par être maîtresse des enfants. Les *Constitutions* de Port-Royal portent que des petites filles pourront être reçues au monastère pour plusieurs années [122]. Elles « seront dans un département séparé des Religieuses, avec une Maîtresse pour les instruire en la vertu, à laquelle on donnera des aides pour les servir et pour leur apprendre à lire, à écrire, à travailler en linge et à d'autres ouvrages utiles, et non de ceux qui ne servent qu'à la vanité ». Jacqueline, qui a souvent discuté avec Blaise de la meilleure méthode pour apprendre à lire et à écrire, trouve dans cet office monastique la possibilité d'utiliser au mieux ses dons naturels et les richesses de ses réflexions pédagogiques.

Sa tâche auprès des novices est beaucoup plus délicate, car il faut, toujours selon les *Constitutions* [123], « les gagner à Dieu » et les « élever selon l'esprit de la religion ». C'est, comme le dit Benoît de Nursie, « une chose très difficile de conduire les âmes, et plus encore celles qui entrent nouvellement au service de Dieu ». Chose si complexe que les *Constitutions* consacrent quarante-neuf paragraphes aux responsabilités de la maîtresse des novices.

Aux environs du 10 février 1657, fête de sainte Scholastique, sœur de Benoît de Nursie, Antoine Arnauld fait parvenir à Jacqueline une image [124] portant au verso : « Pour ma sœur Jacqueline de S. Euphémie. Touché à la Sainte Épine », avec un texte emprunté à Bernard de Clairvaux. Il s'agit d'un passage tiré du XLVe sermon sur le *Cantique des Cantiques* portant sur l'amour premier et prévenant de Dieu. L'âme « admire d'autant plus le bonheur dont elle jouit qu'elle a été prévenue, qu'elle a été aimée avant que d'aimer, ou plutôt qu'elle n'aime que parce qu'elle a été aimée ».

Au cours de cette même année 1657, Jacqueline achève le 15 (ou le 17) avril un *Règlement pour les enfants de Port-Royal*, qui paraîtra en 1665 dans les *Constitutions du monastère de Port-Royal du Saint-Sacrement*.

La mère Marie des Anges Suireau, abbesse depuis 1654, tombe brusquement malade le 5 décembre 1658, avec une forte fièvre et de vives douleurs dans tous les membres. Le samedi 7, elle demande la communion, qu'elle reçoit vers dix heures. La mère entre en agonie le soir du 9 et s'éteint paisiblement le mardi 10 décembre vers 4 heures du matin, n'ayant perdu la connaissance qu'avec la vie. Le 13 décembre 1658, la mère Agnès est à nouveau élue abbesse. Elle prend alors la responsabilité des 98 professes de chœur et des 15 professes converses qui sont à Port-Royal, soit à Paris, soit aux Champs. La mère Angélique de Saint-Jean, sous-prieure et maîtresse des novices aux Champs, rejoint le monastère du faubourg Saint-Jacques en 1659 pour y devenir maîtresse des novices. Le 3 janvier 1660, elle est nommée sous-prieure.

Dans une lettre à Christian Huygens, datée du 14 août 1659, Pierre de Carcavy [125] regrette de ne pouvoir donner à son correspondant des nouvelles de Blaise Pascal. Carcavy sait pourtant que la maladie de Blaise « consiste dans une espèce d'anéantissement et d'abattement général de toutes ses forces ». Il ne peut « s'appliquer à quoi que ce soit qui demande tant soit peu d'attention qu'il n'en sente une incommodité considérable ». Mais Blaise « se porte néanmoins un peu mieux depuis quelques jours qu'il est allé prendre l'air de la campagne, et nous espérons de le voir rétabli dans sa première santé ; mais il faut encore du temps ». Cette lettre signale donc un séjour à la campagne de Blaise, probablement à Port-Royal des Champs, durant l'été 1659. Il est de retour à Paris quand Jacqueline quitte l'abbaye du faubourg Saint-Jacques le 6 (ou 7) novembre 1659 pour rejoindre les Champs. Après avoir vécu sept ans et onze mois dans le monastère parisien, elle en est devenue une des principales autorités. Sa vive et pénétrante intelligence, ses dons psychologiques et pédagogiques, son dévouement aux responsabilités qui lui sont confiées en font une religieuse affermie et expérimentée dont les avis sont attentivement écoutés.

Le 3 janvier 1660, elle est nommée sous-prieure et maîtresse des novices. Les responsables de Port-Royal et ses sœurs religieuses l'estiment destinée aux plus hautes responsabilités. Mais une mort prématurée n'en fera qu'une exceptionnelle sous-prieure.

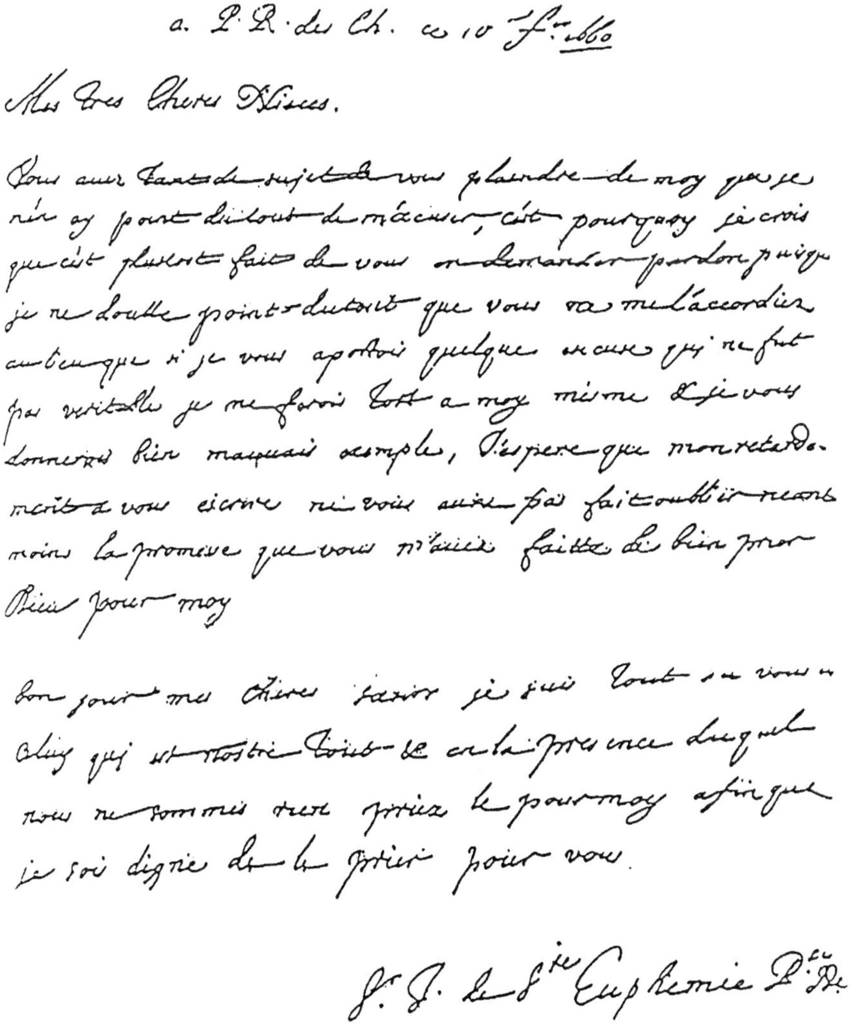

a P. R. des Ch. ce 10 f.er 1660

Mes tres Cheres Nieces.

Vous avez tant de sujet de vous plaindre de moy que je n'en ay point du tout de m'accuser, c'est pourquoy je crois que c'est plustost a faire a vous a demander pardon puisque je ne doute point du tout que vous ne me l'accordiez aussi bien que si je vous aportois quelque excuse qui ne fust pas veritable je me ferois tort a moy mesme et je vous donnerois bien mauvais exemple, J'espere que mon retardement a vous escrire ne vous aura pas fait oublier neanmoins la promesse que vous m'aviez faitte de bien prier Dieu pour moy

bon jour mes cheres sœurs je suis tout a vous en celuy qui est nostre tout et en la presence duquel nous ne sommes rien priez le pour moy afin que je sois digne de le prier pour vous.

Sr J. de Ste Euphemie R. Re

Extrait d'une lettre de Jacqueline Pascal à ses nièces Jacqueline et Marguerite Périer, datée du 10 février 1660. Voir *Blaise Pascal, Œuvres complètes*, IV, 1992, p. 792.

CHAPITRE IV

SOUS-PRIEURE DE PORT-ROYAL DES CHAMPS, 1659-1661

Sous-prieure et maîtresse des novices de Port-Royal des Champs

La mère Agnès nomme Marie de Sainte-Madeleine d'Angennes du Fargis (1618-1691) prieure de Port-Royal des Champs. Née de Charles d'Angennes, comte du Fargis, et de Madeleine de Silly, elle a une tante maternelle qui épouse Philippe-Emmanuel de Gondi et donne le jour à Jean-François-Paul de Gondi, futur cardinal de Retz. La mère du Fargis est donc cousine germaine du cardinal. En 1626, Marie d'Angennes du Fargis [126] devient pensionnaire à Port-Royal, où elle prend l'habit le 24 février 1636. Professe le 11 novembre 1640, elle passe plusieurs années dans les tâches les plus simples avant de devenir sous-prieure de Port-Royal de Paris. Ayant rejoint les Champs le 6 mai 1659, elle en est nommée prieure le 3 janvier 1660, avec Jacqueline comme sous-prieure et maîtresse des novices.

La mère Angélique, qui fait de fréquents séjours aux Champs, s'y trouve en janvier-février 1660 [127]. Le 30 janvier 1660, elle écrit à la mère Angélique de Saint-Jean et lui signale la présence de Jacqueline au chevet d'une sœur mourante qui demande à se confesser.

Le 10 février 1660, Jacqueline écrit à ses nièces, Marie-Jacqueline et Marguerite-Euphémie Périer [128], pour s'excuser d'avoir tant tardé à leur écrire et pour les assurer d'une affection qui dépasse la chair et le sang et se situe en « celui qui est notre tout et en la présence duquel nous ne sommes rien ». Elle leur demande de lui procurer les prières de la sœur Catherine de Sainte-Flavie Passart.

Durant l'été 1660, Blaise séjourne à Clermont-Ferrand [129]. Il part début mai et n'arrive à Bien-Assis qu'après vingt-deux jours de voyage, sa mauvaise santé l'obligeant à de courtes étapes. Les agréments du château des Périer et l'air d'Auvergne lui permettent de récupérer quelques forces. Il refuse pourtant l'invitation de Pierre de Fermat qui lui propose une rencontre, dont nous ignorons la raison, dans un lieu situé entre Clermont-Ferrand et Toulouse, car il ne peut marcher sans bâton et il lui est impossible de monter à cheval.

Les ennemis de Port-Royal, en particulier les jésuites, évoquent alors des conventicules qui se tiendraient à Bien-Assis. En fait Blaise y rencontre des amis les dimanches et jours de fêtes, entre autres René Guerrier, avocat, parent lointain, Jean Courtin, Jean Domat, quelques carmes déchaussés dont le couvent est proche de Bien-Assis. Le séjour de Blaise à Clermont-Ferrand se prolonge jusqu'en septembre 1660.

Jacqueline écrit à la mère Angélique le 1er septembre 1660 et reçoit la réponse le lendemain [130]. Le texte de Jacqueline est écrit en colonne sur la moitié gauche de la page, la partie droite étant réservée à la mère. La lettre traite d'un problème relatif à une sœur N., petite et manchote. Antoine Singlin pense qu'elle pourra être utile à l'abbaye et qu'il ne faut pas refuser d'aider les malades. La mère Angélique, qui a de la répugnance pour cette fille, n'envisage pas de la conserver à Port-Royal. Elle s'en remet cependant au jugement de M. Singlin. Cet échange nous apprend que la mère, qui n'est pas revenue aux Champs depuis le 26 février 1660, envisage d'y venir passer l'hiver.

Anne-Marie de Sainte-Eugénie, onzième enfant, cinquième fille de Robert Arnauld d'Andilly et de Catherine Le Fèvre de La Boderie, pensionnaire à Port-Royal de Paris dès l'âge de 3 ans, y devient professe le 1er mai 1658. Quand Jacqueline Pascal est nommée maîtresse des novices de Port-Royal des Champs, Anne-Marie de Sainte-Eugénie obtient de la suivre. Elle tombe malade le 14 septembre 1660, et meurt le 7 octobre 1660 [131].

Le même 7 octobre 1660, Jacqueline écrit à la mère Angélique de Saint-Jean [132], son amie intime, sœur de la religieuse décédée. Elle se console [133] avec la mère d'une perte commune de la « pauvre enfant », dont la maladie et la mort lui ont causé de grandes souffrances. En même temps elle exprime sa joie et sa reconnaissance des grâces accordées par Dieu à la sœur Anne-Marie de Sainte-Eugénie. Jacqueline fait l'éloge de la manière dont celle-ci a vécu le temps de sa maladie et l'heure de sa mort, et raconte longuement ce que furent les derniers huit jours de la défunte. Anne-Marie, qui espérait guérir, a considéré sa maladie comme une pénitence à subir patiemment. Elle n'a été persuadée de sa mort que deux heures avant son dernier soupir. Dans ce temps d'épreuve, elle a été « si douce et si bonne malade qu'elle a donné une édification générale à toutes celles qui l'ont servie », à commencer par la mère prieure et Jacqueline qui ne l'ont pas quittée durant ses dernières heures, sauf pour se rendre aux offices. C'est en sortant de la grand-messe que les religieuses ont appris qu'Anne-Marie entrait en agonie. Quelques heures plus tard elle expirait.

La lettre de Jacqueline signale qu'Antoine Singlin est venu aux Champs mettre les religieuses au courant des risques de répression de la part des autorités du royaume et de l'Église. En effet l'Assemblée générale du Clergé a rendu obligatoire la signature du Formulaire, et après la dispersion des Petites Écoles et des Solitaires en 1659-1660, Louis XIV veut s'attaquer directement aux monastères de Port-Royal de Paris et des Champs.

« Bon jour et bon an, mon frère. »

Jacqueline écrit à Blaise [134] le 6 novembre 1660. Elle évoque son départ de l'abbaye de Paris et son arrivée aux Champs, un an plus tôt, et donc son éloignement de Paris et de son frère. Sur un ton enjoué, elle souhaite à Blaise « Bon jour et bon an », c'est-à-dire bon anniversaire. Il n'est pas possible de savoir si Blaise est venu aux Champs entre le 6 novembre 1659 et le 6 novembre 1660. De toute façon, leur séparation ne trouble pas une affection qui ne se situe plus au niveau de la chair et du sang, mais dans le Dieu de Jésus-Christ. Comme par le passé, leur cœurs ne sont « qu'un cœur » [135], et Jacqueline assure Blaise qu'elle est toute à lui en Celui qui les a plus unis « par sa grâce que par le nature ». Dans la seconde partie de sa lettre, elle félicite Blaise d'être « devenu père de famille ». En effet Blaise a recueilli chez lui au printemps 1660 sept à huit enfants privés de leur précepteur (« M. R. », peut-être M. Retart, curé de Magny-Lessart), à la suite de la dispersion des Petites Écoles en mars 1660. Jacqueline prie son frère de saluer M. du Lac, Nicolas Akakia, qui doit probablement assister Blaise dans l'éducation des enfants recueillis rue des Francs-Bourgeois Saint-Michel.

1er février 1661
Il faut obligatoirement signer le Formulaire

La décision du 17 mars 1657 imposant la signature d'un Formulaire de foi à tous les ecclésiastiques et religieux, n'a été suivie d'aucune mesure par les autorités. L'Assemblée générale du Clergé de France, réunie le 7 juin 1660 à Pontoise, puis à Paris, aux Grands Augustins, à partir du 30 septembre, reprend la question. Les trois présidents de l'Assemblée sont convoqués le 13 décembre 1660 chez Mazarin, qui est alité. Louis XIV leur demande de presser l'Assemblée générale du Clergé de chercher « les moyens les plus propres et les plus prompts pour extirper la secte du Jansénisme ». Le 1er février, l'Assemblée signe un règlement en quinze articles, dont le premier décrète que tous les ecclésiastiques du royaume, séculiers ou réguliers, devront souscrire à la formule de foi adoptée le 17 mars 1657 par l'Assemblée. Une circulaire est envoyée à tous les archevêques et évêques du royaume pour leur signifier qu'ils devront signer et faire signer le Formulaire selon les indications fournies par les quinze articles.

Comme la santé du cardinal Mazarin ne cesse de se dégrader, ses médecins lui suggèrent en février 1661 de s'installer au château de Vincennes, où l'air est plus sain qu'au Louvre. Le cardinal accepte leur proposition. Mais sa maladie s'aggrave, et il meurt à Vincennes le 9 mars 1661.

Le lendemain, 10 mars, le roi réunit dans la chambre de la reine mère le chancelier, les ministres et secrétaires d'État pour leur faire savoir sa volonté de gouverner par lui-même et seul.

À cette époque, Florin et Gilberte Périer sont à Clermont-Ferrand. Antoine Singlin demande à Jacqueline de leur écrire. Celle-ci envoie, le 24 mars 1661, cinquième anniversaire de la guérison de Marguerite Périer [136], une lettre à Gilberte, évidemment destinée aussi à Florin Périer. Malgré la retraite du temps de carême, Jacqueline Pascal ne peut se dispenser d'écrire aux Périer à propos de l'avenir de leurs enfants. Jacqueline Périer ayant seize ans accomplis, son entrée au noviciat ne présente aucune difficulté, si elle-même et ses parents le désirent. Pour Marguerite, il en est autrement, car elle n'a pas encore quinze ans. Or, les *Constitutions* [137] sont impératives : « L'on ne recevra point de fille au noviciat qui ne soit âgée de seize ans. » Pourtant, Marguerite est si fervente qu'on ne pourra pas se dispenser de la mettre au noviciat avant l'âge. Une dispense semble donc possible pour celle qui a été guérie le 24 mars 1656, car « son miracle est un privilège particulier ». Quant à Étienne Périer, élève au collège d'Harcourt, il envisage de rejoindre aux Troux Sébastien Le Nain de Tillemont et Pierre Thomas du Fossé. Il attend pour cela d'avoir atteint ses dix-neuf ans le 15 avril 1661. Antoine Singlin, fort lucide en l'occasion, pense qu'Étienne n'a pas la vocation de Solitaire et qu'il devrait plutôt suivre la voie de Florin Périer et devenir magistrat, car « ce n'est pas un service peu agréable à Dieu que de rendre bien la justice ». Étienne persévérant dans son projet, Antoine Singlin le confirme autant qu'il peut dans sa volonté de se retirer avec quelques Solitaires. Les événements ultérieurs donneront cependant raison à Antoine Singlin, car Étienne prendra la succession de son père comme magistrat.

Le 13 avril 1661, un arrêt du Conseil d'État rend obligatoire la signature du Formulaire décrétée par l'Assemblée du Clergé le 1er février 1661. En même temps, Louis XIV ordonne de disperser les pensionnaires et les novices des deux monastères de Port-Royal, avec l'interdiction d'en accepter de nouvelles, du moins pour le moment. Le Conseil d'État du 19 avril 1661 décide par ailleurs que les responsables de Port-Royal seront changés.

Avril-mai 1661
Dispersion des pensionnaires et des novices

Le 17 avril, jour de Pâques, la mère Agnès, ne sachant pas s'il sera possible d'agir ultérieurement, fait de neuf pensionnaires des postulantes. Et, le 21 avril, elle réunit la communauté du faubourg Saint-Jacques pour lui faire part des menaces qui pèsent sur Port-Royal. Il ne faut pas longtemps aux religieuses de Paris pour comprendre que l'avertissement de l'abbesse était fondé. Le samedi 23 avril, le lieutenant civil * François Dreux d'Aubray et Armand de Rians, procureur au Châtelet, transmettent au monastère du faubourg Saint-Jacques les ordres du 13 et 19 avril. Après avoir interrogé les religieuses, ils ordonnent de renvoyer dans les trois jours les vingt et une pensionnaires. Malgré cette visite, l'habit de novice est encore donné à sept postulantes les 24 et 25 avril. Il en est de même aux Champs pour sept autres postulantes.

Le 24 avril, le commissaire Sébastien Camuset Picart se rend à Port-Royal des Champs pour transmettre les décisions des 13 et 19 avril. Le 30 avril, il revient à la maison de Paris pour vérifier que les ordres du roi ont bien été exécutés.

Muni d'une lettre de cachet donnée à Fontainebleau le 2 mai, Dreux d'Aubray revient au faubourg Saint-Jacques le 4 mai pour faire reprendre l'habit civil aux sept nouvelles novices, qui doivent sortir dans les trois jours, ainsi que toutes les postulantes. Dreux d'Aubray se rend aussi aux Champs le 5 mai, où il est reçu par la prieure et par la sous-prieure. Il constate qu'il reste seulement quatre pensionnaires sur les vingt-sept qui s'y trouvaient auparavant. La mère du Fargis l'informe que l'on attend les parents de trois de ces demoiselles et que la quatrième, irlandaise de grande naissance, ne sait où aller.

Par ailleurs, le Conseil du roi décide le 5 mai « d'envoyer un ordre au sieur Singlin de se retirer au lieu qui lui sera assigné par Sa Majesté », et d'expédier une lettre de cachet * aux vicaires généraux « pour établir un directeur et supérieur en la place dudit Singlin dans les deux monastères de Port-Royal ».

Antoine Singlin quitte Port-Royal de Paris le 8 mai 1661 pour se réfugier dans une retraite sûre.

La mère Angélique, revenue à Paris le 23 avril, écrit le 4 mai 1661 à la prieure et à la sous-prieure des Champs [138] pour leur rappeler que les religieuses devraient souvent se dire : « *Hodie si vocem Domini audieritis*, etc. [139]. » Toutes les moniales auraient grand besoin d'entendre cette voix de Dieu et de la recevoir avec reconnaissance. Si la vie de Port-Royal a été jusqu'à ce jour relativement facile, désormais « nous ne devons plus attendre que toutes sortes de privations des biens temporels et spirituels pour le corps et pour l'esprit. Bienheureuses seront celles qui les embrasseront de tout leur cœur, comme une médecine que la miséricorde de Dieu leur donnera pour le remède de leurs âmes (...). Attachons-nous à Dieu inséparablement et nous le serons entre nous, quoi que le démon et le monde puissent faire pour nous en séparer. »

Mai 1661. Les appels au roi et à la reine mère

Port-Royal ne subit pas les événements d'avril-mai sans réagir. La mère Agnès adresse le 6 mai 1661 une lettre à Michel Le Tellier, secrétaire d'État, à l'intention du roi, pour protester contre la décision royale interdisant de recevoir pensionnaires et novices dans les deux monastères. Un tel ordre lui paraît annoncer l'extinction d'une « abbaye des plus anciennes du royaume ». Louis XIV lit cette lettre avec attention et fait répondre que cette interdiction est valable jusqu'à nouvel ordre, quand le monastère aura retrouvé un supérieur et un directeur admis par le roi et par l'archevêque de Paris. En attendant, les décisions antérieures continueront d'être strictement appliquées.

La mère Angélique, persuadée que la reine mère a un cœur trop bon et trop sensible pour ne pas se laisser toucher par ses plaintes, écrit à Anne d'Autriche le 25 mai 1661 [140]. Elle lui décrit la désolation régnant à l'abbaye de Port-Royal en raison de l'interdiction de ne recevoir aucune novice. Une telle situation marque pour Port-Royal un véritable arrêt de mort. Ces lettres des mères Agnès et Angélique ne modifient pas les dispositions d'une cour qui ne prend à cœur que la disparition des soi-disant jansénistes, qui veut absolument faire signer le Formulaire par les religieuses de Port-Royal et refuse de revenir sur l'arrêt du 13 avril 1661.

Dreux d'Aubray revient pour la troisième fois au monastère de Paris le 13 mai 1661 afin d'exécuter un ordre royal daté du 9 mai. Les pensionnaires récemment reçues au noviciat doivent abandonner l'habit religieux et quitter l'abbaye. Les postulantes ont aussi l'obligation de sortir du monastère. Ce qui est fait le 14 mai.

En tout soixante-quinze filles, pensionnaires, postulantes, novices, sont expulsées de Port-Royal à la suite des décisions des 13 et 19 avril 1661. Toutes s'interrogent sur les motifs d'une telle expulsion. Une lettre de Marguerite Périer [141] reflète cet étonnement et récuse les accusations des adversaires de Port-Royal : « Les ennemis de Port-Royal ont toujours dit et publié que les religieuses tenaient dans leur maison une école de jansénisme, et qu'on les entretenait de toutes ces affaires-là. On en a même inventé des histoires fabuleuses et ridicules. Cependant cela est absolument faux, et je puis assurer que lorsque j'en sortis en 1661, j'avais plus de quinze ans, et ma sœur qui y était avec moi, et qui était prête à entrer dans le noviciat pour être religieuse, avait plus de 17 ans ; néanmoins nous ne savions pas même les noms de *jansénistes* et de *molinistes*, en sorte que quand nous en entendîmes parler dans le monde, nous ignorions ce que cela signifiait (...). Les religieuses étaient dans la même ignorance, excepté les supérieures et quelques-unes qui étaient entrées à Port-Royal depuis que ces disputes avaient commencé ; mais comme il ne leur était pas permis de parler de ce qu'elles avaient vu dans le monde, les autres n'en avaient et n'en prenaient aucune connaissance. »

Louis Bail, nouveau supérieur

Le 14 mai, Louis Bail, docteur de Sorbonne, sous-pénitencier* de Notre-Dame, est nommé par lettre de cachet supérieur de Port-Royal. Les religieuses protestent, car cette nomination est contraire aux *Constitutions* de l'abbaye qui leur permettent de choisir leur supérieur et de le présenter à l'archevêque pour confirmation de leur choix. Louis Bail, sans s'inquiéter de cette protestation, nomme deux confesseurs pour les religieuses de Port-Royal de Paris, MM. Juge et Parat, et un pour celles des Champs, M. Paulon.

Le 17 mai 1661, Jacqueline écrit à ses nièces [142] Jacqueline et Marguerite Périer, chassées de Port-Royal de Paris avec toutes les autres postulantes le 14 mai, et toutes deux « parfaitement unies dans le dessein d'être entièrement à Dieu ». Florin Périer se trouve à Paris ce 17 mai 1661, probablement avec Gilberte, dont la présence est certaine le 23 juin. Blaise ayant accueilli Jacqueline et Marguerite Périer dès leur départ de l'abbaye, toute la famille Périer vit avec Blaise rue des Francs-Bourgeois Saint-Michel. Gilberte et Florin Périer ne savent pas encore s'ils doivent se fixer à Paris ou rejoindre Clermont-Ferrand. Trois faits les aident à prendre la décision de s'installer à Paris : les parents de Florin sont décédés, il faut pourvoir à l'éducation de Jacqueline et de Marguerite, la santé de Blaise exige une présence attentive que seule Gilberte peut assumer. Le 22 août 1661, Florin prend à bail [143] pour trois ans, à compter du 1er octobre 1661, une maison située entre les portes Saint-Michel et Saint-Victor, paroisse Saint-Étienne-du-Mont. C'est dans cette maison que Blaise mourra le 19 août 1662, et c'est à Saint-Étienne-du-Mont qu'il sera inhumé.

Quand Jacqueline Pascal écrit à ses nièces, il y a trois jours qu'elles sont dans le monde et découvrent un univers dont la vie cloîtrée ne leur avait pas donné la moindre idée. Jacqueline les exhorte à se séparer du monde le plus qu'il leur sera possible, ce qui leur sera d'autant plus facile que leur entourage est riche de personnes remplies de piété et inspirées par Bernard de Clairvaux. Il n'est donc pas question d'être farouche et de fuir tout le monde, mais de s'isoler de temps à autre pour parler à Dieu et se mettre à l'écoute de sa volonté.

Le 20 mai, Louis Bail revient à Port-Royal de Paris pour ordonner aux confesseurs de se retirer. La mère Agnès demande qu'ils restent jusqu'à la fin du jubilé qui doit avoir lieu du dimanche 29 mai au 12 juin, dimanche de la Trinité. La requête de l'abbesse est acceptée par M. Bail. Mais, le samedi 11 juin, il est donné aux confesseurs des deux abbayes l'ordre impératif de se retirer sans délai. Toussaint d'Alençon, Antoine de Rebours et Charles Akakia du Mont quittent Port-Royal de Paris, Jean Bourgeois et Le Maistre de Sacy la maison des Champs.

Ainsi, contre toutes les règles de l'Église, sans la moindre plainte juridique touchant le comportement et la foi des religieuses et des prêtres de Port-Royal, le roi disperse toutes les novices, postulantes, pensionnaires, et impose dans le même temps de nouveaux prêtres à Port-Royal.

8 juin 1661. Le mandement des grands vicaires

Le Formulaire est porté à la Sorbonne, le 2 mai, par deux évêques qui remettent à la Faculté de théologie une lettre de Louis XIV indiquant qu'il attend des docteurs une entière soumission. Ceux-ci obéissent et rédigent le 16 mai un décret ordonnant à tous les membres de la Faculté de théologie de signer le Formulaire sous peine de déchoir de tous leurs droits.

Ce Formulaire est ainsi conçu :

« Je me soumets sincèrement à la constitution du pape Innocent X du 31 mai 1653, selon son véritable sens, qui a été déterminé par la constitution de Notre Saint-Père le pape Alexandre VII du 16 octobre 1656. Je reconnais que je suis obligé en conscience d'obéir à ces constitutions, et je condamne de cœur et de bouche la doctrine des Cinq propositions de Cornélius Jansénius, contenue dans son livre intitulé Augustinus, que ces deux papes et les évêques ont condamnée,

laquelle doctrine n'est pas celle de saint Augustin, que Jansénius a mal expliquée contre le vrai sens de ce saint Docteur. »

Les deux grands vicaires de l'archevêché de Paris, Jean-Baptiste de Contes et Alexandre de Hodencq, refusent d'utiliser l'ordonnance en quinze articles dressée le 1er février 1661. Ils signent, le 8 juin, un mandement particulier [144] pour la signature du Formulaire.

Ce texte décrète :

« *Nous ordonnons et enjoignons qu'à l'égard même des faits décidés par lesdites constitutions et contenus audit Formulaire, tous demeurent dans le respect entier et sincère qui est dû auxdites constitutions, sans prêcher, écrire et disputer au contraire, et que la signature que chacun fera dudit Formulaire en soit un témoignage, promesse et assurance publique et inviolable, par laquelle ils s'y engagent, comme de leur croyance pour la décision de foi, après laquelle signature, la foi de chacun étant reconnue, Nous faisons très expresses inhibitions et défenses à tous les diocésains de Mondit Seigneur l'Archevêque, sous peine d'excommunication, de se diffamer l'un l'autre du nom de janséniste et de semi-pélagien.* »

Le but de ce commandement, dont la rédaction est attribuée à Blaise Pascal [145], est de permettre la paix de l'Église. Beaucoup d'esprits modérés, en particulier les curés de Paris, pensent que ce mandement peut mettre un point final aux querelles en cours. En termes discrets et prudents apparaît la distinction de la créance pour le droit et du silence pour le fait. Ce qui satisfait bon nombre d'amis de Port-Royal, dont Blaise Pascal et Antoine Arnauld, les directeurs et les confesseurs, à l'exception de Claude de Sainte-Marthe. Mais d'autres sont irrités par la forme jugée ambiguë du mandement et refusent de le signer.

Le mandement du 8 juin 1661 des grands vicaires de Paris est lu au prône des églises paroissiales de Paris le dimanche 19 juin. Il est signifié les 21 et 22 juin à toutes les maisons et communautés séculières et régulières, aux collèges et aux monastères. La cour, la plupart des évêques et les molinistes s'alarment d'un tel mandement, car ils discernent bien qu'il distingue le fait du droit.

Les religieuses de Port-Royal de Paris expriment d'expresses réserves sur la manière dont les grands vicaires présentent la signature du Formulaire. Même si leur mandement tente d'atténuer le sens du Formulaire, c'est quand même ce Formulaire qu'il faut accepter. Quand elles le signent, le 23 juin 1661, elles y joignent un préambule où elles déclarent « qu'elles embrassaient absolument et sans réserve la foi de l'Église catholique, qu'elles condamnaient toutes les erreurs qu'elle condamne et que leur signature était un témoignage de cette disposition ». En termes clairs cela signifie qu'elles se limitent à la foi, donc au droit, sans donner leur aval à la question du fait, ce qui rejoint en réalité le sens réel du mandement.

Les jours de la colère

Les religieuses des Champs reçoivent l'ordre de signer le Formulaire le 21 ou le 22 juin 1661. Elles sont consternées en apprenant que tout le monde le signe, y compris leurs principaux amis. Est-il possible de condamner le digne et saint évêque que fut Jansénius et de souscrire à ce qui apparaît comme une contrevérité ?

Jacqueline Pascal est la première à réagir au mandement des grands vicaires par deux lettres, l'une adressée le 23 juin 1661 à la sœur Angélique de Saint-Jean [146] et l'autre à Antoine Arnauld [147]. Elle raconte à celui-ci comment lui est venue l'idée d'écrire à son amie : « Hier, après avoir communié dans une grande amertume de cœur sur tout ce qui se passe, tandis que je faisais mon action de grâces, ou plutôt que je gémissais devant Dieu, il me vint une forte pensée d'écrire toutes mes pensées sur ce sujet, ou au moins les principales, car plusieurs mains de papier ne suffiraient pas ; et, ne sachant à qui je m'adresserais, je jetai les yeux sur ma sœur Angélique. » Mais elle envoie d'abord cette longue lettre à Antoine Arnauld, car elle n'a « pas pu prendre le temps de la récrire », pour la lui adresser. Son texte est porté en marge afin qu'Arnauld et la mère Angélique de Saint-Jean puissent y répondre facilement. Ce qui ne semble pas avoir été fait.

Depuis la conversion de Blaise, Jacqueline s'est effacée devant son frère, restant au second plan, tout en continuant à le conseiller quand cela lui a semblé nécessaire. Les auteurs [148] de l'*Apologie pour les religieuses de Port-Royal* peuvent écrire que « tous les talents de son esprit étaient tellement couverts par l'éclat de ses vertus qu'on aurait eu peine à les apercevoir ».

Et voici qu'elle semble oublier tout ce qui fait une religieuse humble, obéissante, modeste, hors des soucis du monde, vivant dans le recueillement et le silence intérieur et extérieur. Tout cela est balayé par le refus de signer un Formulaire préparé par des autorités légitimes avec le concours de personnes qui lui sont chères. C'est l'heure de la révolte, de la polémique, des récriminations, de l'angoisse, des attaques contre ceux qui ne partagent pas ses opinions.

Dans sa lettre destinée à Angélique de Saint-Jean, commencée le 22 et achevée le 23, Jacqueline dénonce ce qu'elle croit être l'ambiguïté [149] du mandement des grands vicaires : « Encore que nous entendions fort bien que l'on prétend que notre signature ne nous demande que le respect, c'est-à-dire le silence pour le fait et la créance pour ce qui est de la foi, ce que nous avons toujours été prêtes de témoigner, nous voyons que cela est exprimé en termes ambigus et indignes de la sincérité chrétienne. Ainsi la plupart désireraient de tout leur cœur qu'il fût pire, sachant bien qu'il n'en fallait pas espérer, dans le temps où nous sommes, un meilleur, parce qu'au moins on le rejetterait avec une entière liberté, au lieu que plusieurs seront comme contraints de le recevoir, et qu'une fausse prudence et une véritable lâcheté le fera embrasser à plusieurs autres comme un moyen favorable de mettre aussi bien leur personne que leur conscience en sûreté. »

Jacqueline ne peut dissimuler la douleur qui la perce, «jusques au fond du cœur, de voir que les seules personnes à qui Dieu a confié sa vérité lui soient si infidèles, si je l'ose dire, que de n'avoir pas le courage de s'exposer à souffrir, quand ce devrait être la mort même, pour la confesser hautement (...). Qui nous empêche, et qui empêche tous les ecclésiastiques qui connaissent la vérité, lorsqu'on leur présente le formulaire à signer, de répondre : "Je sais le respect que je dois à Messieurs les évêques ; mais ma conscience ne me permet pas de signer qu'une chose est dans un livre où je ne l'ai pas vue, surtout tant de personnes habiles soutenant qu'elle n'y est pas." » Elle s'en prend directement aux évêques incapables de défendre la vérité : « Je sais bien que ce n'est pas à des filles à défendre la vérité ; quoiqu'on peut dire, par une triste rencontre du temps et du renversement où nous sommes, que puisque les évêques ont des courages de filles, les filles doivent avoir des courages d'évêques. Mais si ce n'est pas à nous à défendre la vérité, c'est à nous à mourir pour la vérité, et à souffrir plutôt toutes choses que de faire croire que nous la nions. »

Jacqueline souhaite qu'il puisse ainsi être répondu à l'obligation de signer le Formulaire : « Comme dans l'ignorance où nous sommes, tout ce qu'on peut désirer de nous par la signature qu'on nous propose est un témoignage de la sincérité de notre foi et de notre parfaite soumission à l'Église, au Pape, qui en est le chef, et à M. l'Archevêque de Paris, qui est notre supérieur ; quoique nous ne croyions pas qu'on ait droit de demander en cette manière raison de leur foi à des personnes qui n'ont jamais donné aucun sujet d'en douter ; néanmoins, pour éviter le scandale et les soupçons que notre refus pourrait faire naître, nous témoignons, par cet acte, que, n'estimant rien de si précieux que le trésor de la foi pure et sans mélange que nous voudrions conserver aux dépens de notre vie, nous voulons vivre et mourir humbles filles de l'Église catholique, croyant tout ce qu'elle croit, et étant prêtes de mourir pour la confession de la moindre vérité [150]. »

24 ou 25 juin 1661. Les religieuses de Port-Royal des Champs signent le Formulaire

Jacqueline sait que les adversaires de Port-Royal voudraient écraser l'abbaye et au-delà les augustiniens *, peut-être aussi les séparer de l'Église catholique. Pour ces ennemis d'une abbaye pourtant soumise aux autorités de l'État et de l'Église, il s'agit d'un problème d'ordre politique. Or il est clair que ni les augustiniens ni Port-Royal ne menacent l'ordre public, qu'ils restent fidèles à leur Église et ne veulent d'aucune manière créer un schisme. Pour eux le drame est de voir la vérité peinte des couleurs du mensonge par des esprits subtils qui ne regardent pas au Dieu vivant mais agissent selon la chair et le sang.

Jacqueline ne se rend pas compte qu'en se référant sans cesse à sa conscience elle réagit aussi selon la chair et le sang. Son attitude est étonnante. Pourquoi ne reprend-elle pas l'Écriture, ne serait-ce que le sermon sur la montagne, en ces moments de détresse ? Elle y retrouverait la certitude que les voies de Dieu ne sont pas celles des hommes, et qu'en face de la violence il y a d'autres possibilités que de se référer à sa conscience : « Vous avez entendu qu'il a été dit : œil pour œil et dent pour dent. Moi je vous dis de ne pas résister au méchant. Mais si quelqu'un te gifle sur la joue droite, présente-lui aussi l'autre. (...) Et si quelqu'un te requerra pour faire un mille, fais-en deux avec lui [151]. » Jacqueline oublie que le dessein de Dieu suit d'autres voies que celles de la raison, et que seule « la porte étroite » [152] conduit à la vraie vie.

La lettre à Antoine Arnauld, complément à la lettre précédente, se réfère d'abord à un billet d'Arnauld reçu le matin même, qui donne très probablement le conseil de signer le Formulaire, car Antoine Arnauld reste partisan d'une signature pure et simple [153]. Or la lettre à la sœur Angélique de Saint-Jean comporte des questions pour lesquelles Jacqueline souhaite une réponse d'Arnauld. Elle estime que son refus de signer le Formulaire a empêché plusieurs personnes de signer sans réfléchir. Elle cite *Ecclésiastique* 31, 10 : « Qui donc a été éprouvé là-dessus et trouvé parfait, cela lui sera un sujet de se glorifier [154]. »

La lettre de la mère du Fargis à Antoine Arnauld [155] est une lettre d'envoi des deux premières lettres par une prieure soucieuse d'accomplir tous les devoirs de sa charge. Sa position est celle de Jacqueline : « Je ne trouve rien de si affligeant que de voir que l'on demande de nous une chose à laquelle nous ne saurions satisfaire sans blesser notre conscience. » Elle regrette cependant que la sous-prieure « parle peut-être un peu trop librement de ceux pour qui nous devons avoir toute sorte de respect ». La mère comprend pourtant que le zèle de Jacqueline peut la porter à parler de cette manière. L'apôtre Paul ne dit-il pas : « Car soit que nous soyons emportés comme hors de nous-mêmes [156], c'est pour Dieu » (*2 Corinthiens*, 5, 13). Signer le Formulaire, « c'est faire ce que Jésus-Christ condamne tant dans les Evangiles ». La mère se réfère à *Matthieu*, 10, 32-33 : « Quiconque me confessera [157] devant les hommes, je le confesserai moi aussi devant mon Père qui est dans les cieux, mais quiconque me reniera devant les hommes, je le renierai devant mon Père qui est dans les cieux. » En terminant, elle évoque la situation de la sœur Marguerite de Sainte-Gertrude du Pré (ou Dupré), une des religieuses qui refuse obstinément de signer le Formulaire, dont la mauvaise santé inquiète Port-Royal.

Finalement les religieuses des Champs signent le Formulaire le 24 ou le 25 juin avec le préambule rédigé par leurs sœurs de Paris. Elles y ajoutent un codicille de quelques mots pour préciser le sens de leur signature. Toutes les religieuses de Paris et des Champs comprennent que ceux qui ne les aiment pas seront insatisfaits de leurs signatures et qu'un jour ou l'autre ils exigeront d'elles une signature pure et simple.

Louis XIV, qui se trouve à Fontainebleau, ordonne, le 26 juin 1661, aux évêques présents de s'assembler pour donner leur opinion sur le mandement des grands vicaires. Ces évêques décident ce même jour que ce mandement est « de plein droit nul, révoqué et de nul effet et valeur » et qu'il est nécessaire de faire cesser rapidement le scandale de sa publication. En conséquence, le Conseil du roi ordonne, le 30 juin, de surseoir à l'exécution du mandement du 8 juin des deux grands vicaires et donc à la signature de ce document. Puis il annule, le 9 juillet, le mandement signé le 8 juin par les deux grands vicaires.

Malgré ces décisions, les curés de Paris expriment leur avis le 20 juillet 1661 par une *Déclaration des Curés de Paris sur le Mandement de Messieurs les grands vicaires de Monseigneur le cardinal de Retz*. Ils « regardent ladite Ordonnance comme le seul et unique moyen d'apaiser les contentions présentes et d'affermir la paix, l'union et le repos parmi les fidèles de ce diocèse de Paris ».

Rome intervient, le 1er août 1661, par un bref* d'Alexandre VII qui, sans chercher à mieux s'informer et à entendre les parties en présence, ordonne aux deux grands vicaires de Paris de révoquer leur mandement du 8 juin 1661. Le pape les accuse de mensonge quand ils affirment qu'au temps d'Innocent X il n'y avait eu aucun examen des *Cinq propositions* pour vérifier qu'elles se trouvaient bien dans l'*Augustinus*. Alexandre VII affirme, contre toute évidence, que cette vérification a bien été faite consciencieusement sous Innocent X.

27 ou 28 juin. « Je suis parfaitement contente. »

Port-Royal des Champs reçoit la visite de Louis Bail du 26 au 29 juin. Le supérieur de l'abbaye prêche le dimanche 26, fête des Apôtres, et fait en chaire l'éloge de la pureté de la foi des religieuses. Les 27 et 28, il procède à l'interrogatoire des religieuses. Quand Jacqueline de Sainte-Euphémie Pascal passe devant M. Bail [158], celui-ci la loue fort d'avoir choisi comme patronne sainte Euphémie. Sa première question est pour savoir si Jacqueline n'a pas vu quelque changement dans la doctrine de la maison depuis qu'elle s'y trouve. La sous-prieure répond qu'on ne lui a rien dit dans l'abbaye touchant la foi qui ne soit conforme à ce qu'elle a appris dès son enfance. La deuxième question est de savoir si elle pense que Jésus-Christ est mort pour tous les hommes. Jacqueline répond : « Je n'ai pas accoutumé d'approfondir ces matières, qui ne sont point à la pratique ; néanmoins il me semble que l'on doit croire que Notre Seigneur est mort pour tous les hommes. » Et de citer deux vers qui sont dans les *Heures* :

Tu n'as pas dédaigné, pour sauver tout le monde,
D'entrer dans l'humble sein d'une vierge féconde.

Louis Bail sourit discrètement et demande alors pourquoi il y a tant de personnes qui se perdent éternellement. Jacqueline dit que ce sujet la met en peine mais qu'elle ne peut sonder les secrets de Dieu. Quant à la confession et la communion, il n'y a aucun problème. Jacqueline se confesse quand elle en a besoin et communie avec régularité sans qu'il soit jamais question d'un délai de pénitence entre deux communions. M. Bail, très satisfait, lui pose ensuite la question : « Quels livres lisez-vous ? »

Elle répond : « Présentement c'est les *Morales* de saint Basile [159], qui est traduit depuis peu, et le plus souvent ma Règle. » Quand il est question de son emploi aux Champs, Jacqueline évoque la situation créée par le départ forcé des novices et des postulantes. Le noviciat se trouve réduit à quelques jeunes professes, une novice et quelques sœurs converses. M. Bail demande qu'il leur soit toujours appris « que Notre Seigneur est mort pour tous les hommes, et pourquoi il y a des bons et des méchants «. La sous-prieure répond qu'elle ne s'embarrasse pas de ces choses-là et se garde bien d'en entretenir les religieuses qui sont au noviciat, voulant s'en tenir à la simplicité. Louis Bail l'exhorte à rester dans la foi qu'elle vient de confesser et à la communiquer aux novices. Puis le supérieur demande à Jacqueline si elle a des plaintes à exprimer. La réponse vient, rapide, claire et forte : « Non, Monsieur, par la grâce de Dieu. Je suis parfaitement contente. » Ce qui étonne fort M. Bail, habitué à entendre de nombreuses récriminations de la part des religieuses qu'il rencontre.

MM. Bail et de Contes reviennent encore tous deux à Port-Royal des Champs du 22 au 24 août pour y installer les confesseurs. M. Paulon sera responsable des religieuses et Pierre Floriot (1604-1691), ancien préfet des études aux Petites Écoles, s'occupera des domestiques.

Une abbaye bien ordonnée

Louis Bail se rend à Port-Royal de Paris le 7 juillet 1661 pour l'ouverture officielle d'une visite canonique*. Mais la mère Agnès exige la présence du grand vicaire Jean-Baptiste de Contes, dont elle connaît la modération, lequel pourra présider la visite qui commence le 11 juillet. Louis Bail réunit d'abord les 100 religieuses professes (79 de chœur et 21 converses) au chapitre. M. de Contes prononce des paroles apaisantes, tandis que Louis Bail déclare, à la grande émotion des moniales, qu'elles sont soupçonnées d'hérésie et qu'il a l'intention de tout mettre en œuvre pour anéantir les erreurs signalées dans la maison. Professes et converses sont interrogées chacune à leur tour.

Cette visite canonique s'achève le 3 septembre 1661. Le 2 septembre la carte de visite* de Louis Bail et de M. de Contes [160] est communiquée aux religieuses. Tous deux ont trouvé « cette maison en état requis et bien ordonné, une exacte observance des vœux, des règles et des constitutions, une grande union et charité entre les sœurs et la fréquentation des sacrements digne d'approbation, avec une soumission à Notre Saint-Père le Pape et à tous ses décrets, par une foi orthodoxe et une obéissance légitime qu'elles nous ont témoigné lui avoir. N'y ayant reconnu en l'un et l'autre monastères rien qui soit contraire à la dite foi orthodoxe et à la doctrine de l'Église catholique apostolique et romaine, ni aux bonnes mœurs, mais plutôt une grande simplicité sans curiosité sur les questions des controverses dont elles ne s'entretiennent pas, les supérieurs ayant eu soin de les en empêcher ». Après une telle carte de visite, Port-Royal et ses amis s'interrogent sur les raisons qui ont amené le roi à prendre en juin des mesures coercitives à l'égard d'une abbaye qui ne donne aucun signe de suspicion et qui est riche d'une centaine de professes heureuses d'y vivre.

La mort de la mère Angélique et d'Antoine de Rebours

Le samedi 23 avril 1661, la mère Angélique quitte les Champs. En disant adieu à son frère Arnauld d'Andilly, elle évoque surtout l'humilité nécessaire en ces temps difficiles : « Soyons humble, souvenons-nous que l'humilité sans fermeté est lâcheté, mais que le courage sans humilité est présomption. » Elle rejoint le monastère de Paris pour s'y soigner, sans guère d'illusion sur son état. Elle sait que sa mort est proche. Le Maistre de Sacy vient la confesser régulièrement. Et Antoine Singlin, toujours dans la clandestinité, réussit à venir la voir une fois. Le 1er juin 1661, la mère est si mal qu'il lui est donné la communion et l'extrême-onction. Elle souffre encore durant plusieurs semaines avant d'entrer en agonie le 4 août. Le 5, elle dit adieu à la communauté, reçoit pour la dernière fois la communion et s'éteint le samedi 6 août 1661 vers 21 heures. Ses funérailles ont lieu dans la plus stricte intimité le lundi 8 août. Son corps est inhumé dans l'avant-chœur de l'église, tandis que son cœur est remis à Port-Royal des Champs. Lors de la destruction de l'église des Champs, ce cœur sera transporté au cours de la nuit du 13 au 14 septembre 1710 dans l'église Saint-Martin de Palaiseau, où il se trouve toujours.

La mère Agnès ordonne que toutes les religieuses écrivent, chacune pour leur part, les renseignements particuliers qu'elles détiennent sur la mère Angélique [161]. La relation de Jacqueline [162] ne rapporte que des propos de la mère Angélique relatifs à sa spiritualité et à son comportement humain, les deux choses étant intimement liées chez la défunte.

Quand Antoine de Rebours doit quitter Port-Royal de Paris le 12 juin 1661, il est accueilli par son ami René Potier de Blancmesnil, président du Parlement, dans sa maison du faubourg Saint-Germain. M. de Rebours y tombe malade le 25 juillet. Antoine Singlin vient le chercher et le fait transporter dans la maison de Nicole-Madeleine Vitart, près du Puits de l'Ermite. Il y meurt le 12 août 1661 vers 23 heures. Son corps est conduit à Port-Royal de Paris le lendemain vers 21 heures pour être enterré dans le cimetière.

4 octobre 1661
La mort de Jacqueline de Sainte-Euphémie

Les événements douloureux de l'année 1661 et l'obligation de signer le Formulaire troublent les corps et les esprits de quelques religieuses, et en premier lieu de la mère du Fargis, qui tombe gravement malade et se trouve encore aux portes de la mort au moment de la disparition de Jacqueline. Heureusement sa forte constitution lui permet de sortir de cette épreuve. Elle deviendra abbesse de 1669 à 1678, puis de 1684 à 1690, et mourra le 3 juin 1691, à 72 ans et demi.

Jacqueline tombe malade en même temps que la mère du Fargis. La mère Agnès, dans une lettre [163] datée du 14 septembre 1661, écrit à Madame de Foix, coadjutrice de l'abbaye aux Dames de Saintes: « Nous sommes dans la crainte de perdre la mère prieure et la sous-prieure de Port-Royal des Champs, qui sont fort malades depuis quelque temps et toujours en péril. »

Gilberte, qui vit à Paris, est certainement venue à Port-Royal des Champs pour assister Jacqueline. Mais nous ne connaissons d'elle aucun écrit sur les derniers jours de sa sœur. C'est une lettre de Jean Hamon adressée le vendredi 30 septembre [164] à la sœur Marie-Angélique de Sainte-Thérèse Arnauld d'Andilly, alors au faubourg Saint-Jacques, qui donne quelques informations sur l'état de Jacqueline: « Ma sœur Euphémie continue dans le mieux que je mandai hier. L'assoupissement est tout à fait passé, et la raison entièrement revenue ; mais c'est pour souffrir. Les humeurs sont tellement âcres que l'on en voit des marques partout [où] ils passent. Comme une partie se décharge par les veines, cela lui a causé une ardeur d'urine qui lui fait beaucoup douleur. La plus grande partie néanmoins se déchargeant par le ventre, c'est où elle souffre le plus. Il n'y a aucune apparence de dysenterie, ce qui est un grand bien. Nous faisons tout ce que nous pouvons pour arrêter ce nouvel accident, dont la continuation serait très périlleuse. Comme elle urine moins, elle enfle beaucoup. La fièvre paraît un peu plus modérée, quoique grande. Avec tout cela, elle ne laisse pas d'être beaucoup mieux qu'elle n'a pas été, et on a plus d'occasion d'en espérer, car auparavant il n'y avait point de jour qu'elle ne pût mourir. »

Jean Hamon signale que Jacqueline de Sainte-Euphémie souffre toujours beaucoup. La rétention d'urine, qui pourrait devenir périlleuse, crée une hydropisie qui touche surtout le ventre, causant une vive douleur à la malade. En fait le léger mieux signalé par Jean Hamon ne dure pas. Jacqueline de Sainte-Euphémie s'éteint le 4 octobre 1661 après avoir reçu la communion de M. Paulon [165], une heure avant sa mort. Elle aurait eu trente-six ans le lendemain.

Son corps est inhumé dans le cimetière des religieuses, au milieu du cloître. Lors de la destruction du monastère de Port-Royal des Champs, il se trouve dans ce cimetière environ trois mille corps inhumés là depuis les origines du monastère au début du XIIIe siècle, la plupart en cendres, certains en décomposition, d'autres encore reconnaissables. En janvier 1712, tous ces restes sont transportés dans une fosse commune du cimetière de Saint-Lambert, à moins de deux kilomètres de là. Pour éviter la dépense de plusieurs voyages, les tombereaux et les charrettes sont surchargés. Les cahots continuels sur un chemin en mauvais état font tomber sur les bords de la route des débris de corps que les fermiers voisins enterrent au lieu même où ils sont tombés.

Les amis de Port-Royal qui se rendent plus tard en pèlerinage dans ce cimetière font dresser une grande croix en bois sur cette fosse commune. Puis une pierre en granit remplace cette croix. Une première inscription vengeresse y est gravée, remplacée par une autre qui rappelle le transport des corps en janvier 1712. En dessous se trouvent des paroles du Christ en croix : *« Pater, dimitte illis »* (Père, pardonne-leur [car ils ne savent pas ce qu'ils font], *Luc*, 23, 34).

Quand Blaise apprend la mort de sa sœur, il ne dit autre chose que : « Dieu nous fasse la grâce de mourir aussi chrétiennement. » Par la suite, il parle surtout des grâces accordées par Dieu à Jacqueline [166] et du temps de sa mort, ajoutant souvent :

« Bienheureux ceux qui meurent, et qui meurent aussi au Seigneur » ou « Bienheureux ceux qui meurent, pourvu qu'ils meurent au Seigneur », réminiscence d'*Apocalypse*, 14, 13 : « Heureux les morts qui meurent dans le Seigneur. » Et lorsqu'il voit Gilberte affligée, il en a de la peine et lui dit que ce n'est pas bien, qu'il ne faut pas avoir ces sentiments-là pour la mort des justes. Au contraire il faut louer Dieu de ce qu'il avait récompensé si tôt Jacqueline pour son service et pour la manière dont elle avait vécu sa foi.

« Soit faite ta volonté, comme dans le ciel aussi sur la terre. »

Parmi les lettres de sympathie ou de consolation envoyées au lendemain de la mort de Jacqueline Pascal, sept lettres seulement [167] nous sont parvenues, alors qu'elles ont dû être très nombreuses.

La mère Angélique de Saint-Jean écrit à Gilberte dès le 5 octobre pour l'entretenir de leur douleur commune. La mère a vu Florin Périer, mais ne lui a pas annoncé la mort de Jacqueline, conformément au vœu exprimé par Gilberte. Elle n'en a rien dit non plus à Blaise.

La mère Agnès envoie à Blaise, le 7 octobre, un message émouvant et délicat. Jacqueline « ne peut plus pleurer nos pertes, mais elle désire seulement que nous nous perdions entièrement dans la volonté de Dieu comme elle a fait. L'Évangile qu'on lisait le jour de sa mort nous a marqué ce que nous devions faire dans cet événement et dans tous les autres qui sont si contraires à notre raison ». En effet Jacqueline est morte le 4 octobre, jour de la fête de François d'Assise, avec *Matthieu* 11, 25-30, pour texte biblique. Pour la mère il convient surtout de retenir la phrase : « Oui, Père, je te loue de ce que tu l'as voulu [168] ainsi » et de remercier Dieu pour Jacqueline et avec elle de ce que le Père lui avait fait connaître le mystère de l'humilité de Jésus-Christ.

Le 5 octobre, Antoine Singlin écrit aux religieuses de Port-Royal. À propos de la mort de Jacqueline il note : « Je n'en suis touché que pour l'amour de vous ; car pour elle on doit s'en réjouir, et pour moi je ne m'en dois pas attrister (...). Je n'en ai de la tristesse que parce que je sais qu'il s'est fait un vide dans votre maison qu'il est impossible de remplir. Mais rien n'est impossible à Dieu, qui sait mieux ce qu'il nous faut que nous-mêmes. » Ce que le croyant doit dire, c'est essentiellement la parole de l'Oraison dominicale : « Soit faite ta volonté, comme dans le ciel aussi sur la terre. » La conclusion du supérieur de Port-Royal est forte, claire et simple : « Nous sommes à Dieu à la vie et à la mort ; il disposera comme il lui plaira de nous tous. »

Guillaume Le Roy, abbé de Hautefontaine (Ambrières, Marne), s'adresse aussi à la communauté de Port-Royal le 5 octobre. Il refuse de suivre les mouvements de la nature et « d'appeler une perte la mort sainte et heureuse par laquelle Jésus-Christ retire ses servantes et ses épouses des misères de cette vie pour les établir dans son bienheureux repos ». On reçoit des personnes qu'on a aimées en lui et pour lui « de grands secours par le pouvoir qu'elles ont auprès de Dieu. Si l'assistance qu'on en reçoit n'est pas si sensible, elle n'en est pas moins véritable ; et leur charité étant beaucoup plus parfaite et plus puissante qu'elle ne le pouvait être en ce monde, elles nous assistent aussi bien plus puissamment et bien plus parfaitement qu'elles ne pouvaient faire quand elles vivaient avec nous, et que leur charité était mêlée de toutes les faiblesses et de toutes les imperfections qui sont inséparables de cette vie ».

M. Paulon écrit à l'abbesse de Port-Royal, la mère Agnès, le 13 octobre. Lui aussi refuse de parler d'une perte à propos de la mort de Jacqueline. Il a demandé à Dieu de la garder en vie, mais Dieu a fait sa volonté et non celle des intercesseurs humains, à l'image du Seigneur lui-même qui prie ainsi à l'approche de la mort : « Mon Père, si c'est possible que cette coupe s'éloigne de moi ! Toutefois non pas comme je veux, mais comme tu veux. » (*Matthieu*, 26, 29). L'oraison dominicale exprime la même volonté d'accepter le dessein de Dieu quand elle dit, littéralement : « Soit faite ta volonté, comme dans le ciel aussi sur la terre. »

CHAPITRE V

Jacqueline de Sainte-Euphémie devant le Dieu de Jésus-Christ

Une croyante raisonnable

Toute la famille Pascal vit spirituellement dans le cadre de l'Église catholique. Comme Gilberte et Blaise, Jacqueline n'a donc pas à découvrir un Dieu qui lui soit inconnu ou étranger. Instruite de la foi chrétienne dès son jeune âge, elle vit sa jeunesse en croyante soumise, attentive aux prescriptions de son Église [169]. La Vierge tient une place importante dans sa vie, et en décembre 1640, elle la célèbre et glorifie pour les Palinods de Rouen. Marie, Mère de Dieu [170], est « la reine du ciel », « la reine des anges », « temple de Dieu ».

Jusqu'à vingt et un ans, elle n'a « aucune pensée pour la religion » [171], c'est-à-dire qu'elle n'envisage pas de faire profession religieuse dans un prieuré ou une abbaye. Au contraire, elle en a un grand éloignement et même un peu de mépris car elle croit qu'on y pratique des choses qui ne sont pas « capables de satisfaire un esprit raisonnable ». Comme elle sait bien rimer, son ambition est d'écrire des poèmes qui la rendront célèbre et lui permettront d'entrer dans l'intimité des grands de ce monde. Son accès à la cour, les flatteries du roi, de la reine, de Mademoiselle et de tous ceux qui la connaissent constituent à ses yeux le comble de la réussite et du bonheur. Dans un temps où Blaise commence à devenir célèbre, elle se veut, elle aussi, glorieuse par l'admiration de ce qu'il y a de plus grand en France. Sa magnifique ambition va la conduire bientôt à faire de grandes choses. Hélas, ses vers sont quelconques, parfois misérables, et ce n'est pas dans cette voie que s'ouvre un avenir de gloire. Nul ne peut alors soupçonner un seul instant que bientôt une nouvelle ardeur va marquer, et pour toute sa vie, cette jeune fille brillante et passionnée : l'ardeur du Dieu de Jésus-Christ.

Toutes choses nouvelles

En 1646, Blaise, Jacqueline, Étienne Pascal, Florin et Gilberte Périer sont touchés par le témoignage des frères Deschamps qui leur font tourner leurs pensées et leur cœur vers le Dieu vivant qui peut faire « toutes choses nouvelles » (*Apocalypse*, 21, 5).

Jacqueline répond à cet appel de Dieu. Il ne s'agit ni d'un changement de religion (Jacqueline reste catholique romaine), ni de la révélation d'un Dieu inconnu (il s'agit toujours du Dieu de Jésus-Christ), ni du renoncement à la vie du monde (pour entrer en religion), mais de la découverte d'une nouvelle relation avec Dieu. « Qu'il y a loin de la connaissance de Dieu à l'aimer », écrit Blaise [172]. Jacqueline découvre cette distance entre connaître Dieu comme elle l'a connu jusqu'alors et la vie nouvelle qu'elle découvre. Bien sûr elle a reçu une éducation religieuse sérieuse, suivi les rites de son Église, exprimé sa foi selon les termes ordinairement employés par les catholiques romains, participé à la vie de la communauté ecclésiale, privilèges dont elle rend grâces à Dieu. Mais elle découvre que « Dieu est amour », et que cet amour a été manifesté dans l'envoi par Dieu de son Fils unique dans le monde « afin que nous vivions par lui » (*I Jean*, 4, 8-10).

Une nouvelle création

La vie de Jacqueline change totalement d'orientation. Une direction nouvelle est donnée à tout son être, corps, âme, esprit [173]. Un cœur nouveau s'ouvre à Dieu et l'accueille dans la paix et la joie. Au lieu de se tourner vers le monde et de chercher une vaine gloire humaine, elle vit « en Christ ». Aucun illuminisme ni sentimentalisme en cette affaire, mais une nouvelle relation entre Dieu et elle. Elle devient, selon la parole de l'apôtre Paul « une nouvelle création » (*2 Cor.*, 5, 17). De 1646 à 1661, elle suit un nouveau chemin où se manifeste le fruit du souffle de Dieu : « amour, joie, paix, patience, bonté, bienveillance, foi, douceur, maîtrise de soi » (*Galates*, 5, 22).

Dans une lettre du 3 octobre 1656 à une jeune fille qui désire entrer à Port-Royal, mais dont le père se refuse à payer une dot [174], Jacqueline décrit ce que doit être l'esprit et le comportement d'une véritable religieuse. L'entrée en religion ne relève pas d'une affaire d'argent, mais des dispositions de celle qui veut servir le Dieu de Jésus-Christ : « Le seul dot* qu'on exigera de vous sera un grand désir de servir Dieu et d'être toute à lui, en tâchant d'oublier toutes les créatures comme si elles n'étaient plus, une simplicité qui vous empêche d'avoir aucune considération humaine dans tout ce que vous ferez et dans tout ce qu'on vous ordonnera, une humilité qui vous porte à choisir pour vous-même ce qui sera toujours le plus humble et le plus vil, et qui vous fasse embrasser avec joie toutes les humiliations qui vous arriveront de la part de qui que ce soit. »

« Avance toujours, marche toujours. »

Dès le commencement de sa vie nouvelle, Jacqueline place très haut la barre de l'exigence spirituelle. Non par imitation d'un être humain, aussi consacré soit-il, mais dans la perspective d'un Seigneur qui s'est dépouillé, vidé de lui-même en prenant la forme d'un serviteur. Elle sait, comme le répète souvent la mère Angélique, « qu'on se relâche toujours assez «. Le chrétien en marche apprend vite les limites de ses possibilités. Il sait que seul un renouvellement constant de la grâce de Dieu permet d'affronter les obstacles de la vie et de trouver les solutions aux problèmes quotidiens. Jacqueline renonce, comme tant d'autres, à bien des choses qui peuvent paraître légitimes, au désir de devenir quelqu'un, à vouloir être un témoin convaincant, à s'élever à une forme de perfection qui serait encore orgueil humain. Il convient de dire non seulement : « Soit faite ta volonté », mais l'ensemble de l'oraison dominicale, y compris : « Notre pain de ce jour-ci, donne-nous aujourd'hui », étant entendu qu'il s'agit des nourritures terrestres autant que des spirituelles. Jacqueline doit veiller à vivre l'aujourd'hui de Dieu sans en devancer le temps [175].

Dans cette marche d'une vie renouvelée, Jacqueline découvre aussi qu'il n'est pas possible de s'arrêter pour regarder le chemin parcouru. Comme Augustin l'exprime avec force et clarté : « Le jour où tu as dit : cela suffit, tu es déjà mort. Avance toujours, marche toujours. »

Dans une lettre à Gilberte [176], Blaise et Jacqueline mettent l'accent sur la permanence du combat spirituel. « La continuation de la justice des fidèles n'est autre chose que la continuation de l'infusion de la grâce, et non pas une seule grâce qui subsiste toujours. » Le croyant apprend sa dépendance spirituelle de la miséricorde de Dieu. S'il interrompt tant soit peu le cours de cette dépendance, « la sécheresse survient nécessairement. Dans cette nécessité, il est aisé de voir qu'il faut continuellement faire de nouveaux efforts pour acquérir cette nouveauté continuelle d'esprit, puisqu'on ne peut conserver la grâce ancienne que par l'acquisition d'une nouvelle grâce ».

« Je cours vers le but. »

Il convient donc de prier avec persévérance pour purifier sans cesse la vie profonde et secrète qui est en Jésus-Christ, mais aussi d'utiliser les instruments extérieurs dont Dieu se sert pour éclairer les sentiers de sa grâce : lecture de la Bible, méditation, sermons, fréquentation de bons auteurs chrétiens, connaissance de l'homme et des réalités du monde, contact constant et lucide avec les réalités du monde.

Le service des siens comme celui des pauvres, la fréquentation de ceux qu'on appelle « les grands de ce monde », lui révèlent à la fois la grandeur et la misère des humains. « On croit toucher des orgues ordinaires en touchant l'homme. Ce sont des orgues à la vérité, mais bizarres, changeantes, variables [177]. » Cette connaissance des hommes, et donc de soi, éclaire le cheminement chrétien.

La mort de Jésus sur la croix a effacé les dettes du péché. « Car Dieu était en Christ, réconciliant le monde avec lui-même, sans tenir compte aux hommes de leurs fautes» (*2 Corinthiens*, 5, 19). Ainsi nous n'avons plus aucune dette à l'égard de Dieu. Cette pure grâce exige du chrétien un don total au Dieu de Jésus-Christ. «Cela m'apprend, dit Jacqueline de Sainte-Euphémie, qu'il faut mourir effectivement au monde, et ne pas me contenter en cela d'imagination et de belles spéculations (...). Cela m'apprend à mourir à moi-même en toutes choses, même dans les plus innocentes [178]. »

Comme l'apôtre Paul, Jacqueline de Sainte-Euphémie peut dire : «Non que j'aie déjà atteint ou que je sois déjà parvenu au but parfait ; mais je poursuis [ma course] afin de le saisir puisque moi aussi j'ai été saisi par le Christ-Jésus (...), je cours vers le but pour obtenir le prix attaché à l'appel d'en haut que Dieu nous adresse dans le Christ-Jésus» (*Philippiens*, 3, 14). Le cheminement quotidien du croyant ne se situe pas au niveau d'une froide obligation morale ou disciplinaire, mais dans l'obéissance et l'humiliation jusqu'à la croix dans l'espoir et l'attente de la résurrection.

Vivre en modestie

Prodige d'esprit, Jacqueline Pascal a brillé un temps au milieu des siens et du monde. Devenue Jacqueline de Sainte-Euphémie, elle refuse toute gloire humaine et vit d'une manière mesurée, réservée, discrète, sans éclat. Dans ce comportement calme, humble et tempéré, elle se veut simplement «la bonne odeur de Christ parmi ceux qui sont sauvés et parmi ceux qui périssent» (*2 Corinthiens*, 2, 15).

Il n'est pourtant pas question de se taire quand il s'agit de témoigner de Dieu, étant entendu qu'en cette affaire les actes sont plus significatifs que les mots. Mourir effectivement à la chair et à tous ses désirs ne doit jamais donner prise à l'orgueil. Si certaines religieuses peuvent souhaiter et vivre l'humilité par orgueil, ce n'est pas son cas. Elle témoigne sans jamais se faire remarquer, sauf à la fin de sa vie quand il faut signer un Formulaire dont elle sait la fausseté. Elle suit la discipline que s'impose tout disciple de Jésus-Christ, dans un ascétisme qui n'est jamais une fin en soi et encore moins le moyen d'obtenir quelque grâce nouvelle. Cette vie d'oraison et de mortification, elle la pratique dès qu'elle comprend ce que signifie une vie renouvelée en Christ. Elle a choisi sans la moindre crainte « la porte étroite » et « le chemin resserré » qui mènent à la vie (*Matthieu* 7, 13-14), « car saint Benoît nous assure qu'encore que la voie étroite paraisse difficile à l'entrée, l'amour de Dieu l'adoucit bientôt et la rend si spacieuse qu'au lieu que d'abord à peine peut-on y entrer, on vient ensuite à y courir avec une facilité sans aucune comparaison plus grande que dans la voie large du siècle, parce que Dieu même nous soutient et nous porte dans sa voie » [179].

Pour Jacqueline de Sainte-Euphémie, il est clair que cette vie s'épanouit pleinement dans l'ordonnance cistercienne de Port-Royal. Le cloître, c'est le lieu où Dieu seul est témoin d'une vie qui lui est consacrée. C'est aussi une obéissance inconditionnelle aux supérieurs et une soumission à l'événement, sans que la volonté de la religieuse soit rapportée à l'aspect humain des choses, dans la perspective d'un Dieu Tout-Puissant qui conduit en des chemins de lumière ou en de sombres vallées.

« Hors de Jésus-Christ nous ne savons... »

La conclusion de sa méditation [180] sur *Le mystère de la mort de Jésus-Christ* témoigne d'une vision lumineuse du dessein de Dieu en Jésus-Christ et d'une vie ancrée en la foi, l'amour et l'espérance : « Dans une âme tous les bons mouvements, les bons désirs, les bonnes actions que Dieu lui fait faire n'ont leur perfection et ne contribuent point à leur salut, jusques à ce qu'ils soient arrivés à ce point d'opérer la mort de la volonté, qui s'anéantit heureusement dans celle de Dieu : après quoi la résurrection ne peut manquer de suivre, qui donne une vie nouvelle à ces âmes, lesquelles ont renoncé au principe de la mort spirituelle, qui est la propre volonté. Amen. »

Jacqueline de Sainte-Euphémie est morte comme elle a vécu, humble et altière, obéissante et ferme, sereine et ardente, mais toujours dans la communion du Dieu de Jésus-Christ. Comme l'écrit Blaise: « Hors de Jésus-Christ nous ne savons ce que c'est ni que notre vie, ni que notre mort, ni que Dieu, ni que nous-mêmes [181]. »

NOTES

Chapitre premier

1. Blaise Pascal, *Œuvres complètes*, texte établi, présenté et annoté par Jean Mesnard, Paris, Desclée de Brouwer, tome I, 1964, tome II, 1970, tome III, 1991, tome IV, 1992 ; citation : II. 979.

2. Les élections sont des sièges connaissant surtout du contentieux de la taille et des impôts directs. Au début les députés particuliers sont élus et portent le nom d'élus. Par la suite ces élus sont désignés par le pouvoir royal. Quand les offices deviennent vénaux, les officiers royaux achètent leurs charges, tout en conservant le nom d'élus.

3. II. 30. Régine Pouzet, *Chronique des Pascal. Les affaires du monde d'Étienne Pascal à Marguerite Périer (1588-1733)*, Paris, Honoré Champion, 2001, pp. 17-41.

4. II. 31. Gilberte n'est donc pas née le 7 janvier, comme le prétend Marguerite Périer, sa fille, mais le 1er janvier, comme l'indique l'acte de baptême.

5. II. 43.

6. La Cour des Aides, cour souveraine, a pour compétence le contentieux des impôts : aides, capitation, vingtième. Celle d'Auvergne, qui siège à Montferrand depuis 1557, s'installe à Clermont en 1630, l'année où Clermont et Ferrand s'unissent pour former Clermont-Ferrand.

7. II. p. 50. Gilberte, dans sa *Vie de Jacqueline Pascal*, se trompe quand elle parle du 4 octobre (I, 657). Jacquette porte le prénom de sa marraine. Pour les autres enfants de la famille Pascal, les prénoms (Anthonia, Gilberte, Blaise) sont aussi ceux des marraines ou du parrain, R. Pouzet, *op. cit.*, 41-58.

8. II. 69-70 ; R. Pouzet, *op. cit.*, 59-65.

9. Et non paroisse Saint-Paul, comme il est indiqué dans le bail d'Étienne Pascal. Cette erreur peut s'expliquer par le fait qu'Étienne ne connaît pas bien le quartier et que la famille ne séjourne que peu de temps dans cette maison qui est peut-être une hôtellerie ou une simple auberge.

10. II. 61-63. La maison des Pascal, détruite lors du percement de la rue de Rivoli, se trouvait à l'emplacement occupé actuellement par une annexe de l'Hôtel de ville, rue Lobau.

11. La paroisse de Saint-Jean-en-Grève a son origine en fin 1212 ou janvier 1213, quand l'évêque de Paris, Pierre-Louis de Nemours, accepte de transformer en église paroissiale la chapelle Saint-Jean de l'église Saint-Gervais-Saint-Protais. Saint-Jean-en-Grève reçoit à la fin du XIIIe siècle l'hostie miraculeuse des Billettes.

Cette hostie est profanée par le juif Jonathan le 2 avril 1290, jour de Pâques, par le moyen de coups de couteau. Aussitôt il en jaillit un flot de sang. Jonathan jette alors l'hostie dans une chaudière remplie d'eau bouillante. L'eau devient rouge comme du sang et l'hostie sort du chaudron d'eau bouillante sous la forme du Christ crucifié. Jonathan essaie de la saisir. Mais elle lui échappe toujours. Jonathan et sa famille, à la vue du miracle, deviennent chrétiens. Philippe le Bel, roi de 1285 à 1314, fait construire une chapelle expiatoire sur le lieu de la maison. En 1295, il y installe les Frères hospitaliers de la Charité Notre-Dame, les « frères Billette ».

Quand cette hostie est confiée à Saint-Jean-en-Grève, cette église devient centre de vénération et il faut l'agrandir. Sous Charles IV le Bel, roi de 1322 à 1328, les marguilliers et les paroissiens obtiennent du roi le droit de démolir le presbytère et quelques maisons contiguës à l'église afin de reconstruire le presbytère et d'aménager l'église. La ferveur du peuple pour l'hostie miraculeuse ne faiblit pas au cours des siècles suivants, et il faut encore agrandir l'église. Sous le grand autel se trouve une châsse d'argent doré contenant, selon la tradition, des ossements de Polycarpe de Smyrne et d'Ignace d'Antioche. Une nouvelle chapelle en l'honneur du Saint-Sacrement est construite en 1603. Puis une vaste chapelle, dite de la Communion, est bâtie du côté nord par Jean-François Blondel en 1735. L'église est surmontée de deux tours carrées. L'intérieur comprend un vaisseau central de huit travées, avec un chœur en hémicycle. Entre l'église et l'Hôtel de ville ne se trouve qu'un étroit passage. L'église est démolie entre 1797 et 1800. La chapelle de la Communion devient une annexe de l'Hôtel de ville. Mais, en 1837, l'agrandissement de cet Hôtel de ville fait disparaître la chapelle de la Communion et le dernier vestige de Saint-Jean-en-Grève.

12. II. 73-81, 103-104 ; R. Pouzet, *op. cit.*, 65-71. Étienne Pascal signe le bail le 23 janvier 1634, avec effet au 24 juin 1635. La famille s'y installe dès Pâques 1634, succédant à Claude (ou Clauda) Pascal, cousine germaine d'Étienne Pascal, veuve en 1633, en secondes noces, de Dominique Dreux. Pendant quatorze mois, il se trouve en fait sous-locataire de Claude Pascal, ce qui ne l'empêche pas d'embellir cette maison de la rue de Condé, paroisse Saint-Sulpice. Dès le 16 décembre 1634, il résilie son bail, car le loyer de 600 livres par mois (en fait 750 livres à cause des importants travaux effectués par Étienne Pascal) est trop cher pour ses ressources.

13. II. 105-106. Il ne s'agit pas de l'actuelle rue Brisemiche, mais de l'ancienne rue Taillepain, disparue en 1910-1911, lors de la construction d'une école. Le loyer de la maison de la rue Brisemiche, au cloître Saint-Merri (ou Saint-Médéric), est de 525 livres par an.

14. Jean Mesnard, *Pascal et les Roannez*, Paris, 1965, 2 vol., I. 89-92. Tout comme la maison des Pascal, l'hôtel où est né le duc de Roannez a été détruit en 1910-1911.

15. I. 657-658.

16. Marguerite Vion, fille de Nicolas Vion, seigneur d'Oinville, épouse, en 1622, Pierre de Sainctot, trésorier de France à Tours. Naissent trois enfants : un fils qui deviendra maître des cérémonies de la cour et deux filles. Marguerite Vion est la sœur de Charles Vion, sieur d'Alibray, dit Dalibray, de Pierre Vion, sieur de Gaillonnet, qui vit chez elle, et de Jean Vion, seigneur d'Oinville.

17. Tallemant des Réaux, *Historiettes*, Paris, La Pléiade, 1960-1961, 2 vol., t. II, p. 57.

18. Guillaume Des Gilberts, dit Montdory (Thiers, 1594-Paris, 1651), acteur, fonde en 1624 une compagnie théâtrale qui deviendra la troupe du Marais. En décembre 1636-janvier 1637, il crée *Le Cid* de Pierre Corneille. En 1637, il est frappé de paralysie et doit quitter la scène.

19. II. 189-194. Les initiales des dix-huit vers donnent: *Philberte de Montini,* Mme de Morangis étant née Philiberte d'Amoncourt, dame de Montigny. Elle avait épousé, en 1625, Antoine Barrillon, sieur de Morangis, maître des requêtes en 1625, conseiller d'État en 1648, décédé en 1672. Tout en restant en contact avec la bonne société, Mme de Morangis était considérée comme une dévote notoire. La famille de Morangis tient une place importante à Saint-Merri, leur paroisse, dont M. de Morangis est un temps le premier marguillier.

20. Voulant simplifier le problème de ses revenus, Étienne Pascal a acquis, le 2 janvier 1635, des rentes sur l'Hôtel de ville. Après les avoir revendues, il a acheté de nouveaux titres le 31 décembre 1635. Il est donc partie prenante dans les réactions de mars 1638. Tallemant des Réaux, *op. cit.*, II. 57 ; R. Pouzet, *op. cit.*, 71-72.

21. II. 195-201. La note de la p. 197 précise comment ces textes de Jacqueline ont été recueillis. Il semble que Mme de Morangis soit à l'origine de la publication de la plaquette de juin 1638. Ce recueil permet de satisfaire les personnes qui ont vu circuler les vers sous forme manuscrite, et peut-être aussi d'encourager un jeune talent. Quant au thème, il est alors d'actualité, Louis XIV devant naître le 5 septembre suivant. Thérèse Goyet, « Une poétesse de douze ans : Jacqueline Pascal », *Chroniques de Port-Royal*, 1982, n° 31, pp. 127-136.

22. Anne-Louise d'Orléans, duchesse de Montpensier, fille unique de Gaston d'Orléans, dite la Grande Mademoiselle (1627-1693).

23. Marie d'Hautefort (1616-1691), attachée à la reine mère en 1631, devient sa dame d'honneur. Aimée platoniquement de Louis XIII, elle est remplacée, en 1635, dans le cœur du roi, par Louise de Lafayette, qui se retire le 19 mai 1637 au couvent de la Visitation Sainte-Marie, rue Saint-Antoine. En mai 1638, la belle et spirituelle Marie de Hautefort est encore dame d'honneur d'Anne d'Autriche.

24. I. 659-660.

25. Pascal, *Œuvres complètes* (cité ici *O. C.*). Paris, Seuil, 1963. Présentation et notes de Louis Lafuma, *Pensées*, 595.

26. I. 660-661, II. 205-206.

27. II. 207-208.

28. Tallemant des Réaux, dans son *Historiette* consacrée au *Président Paschal, op. cit.*, II. 57, ne parle pas de *L'Amour tyrannique,* mais d'une autre pièce de Scudéry, *Le Prince desguisé.* Selon lui, François Le Metel, abbé de Boisrobert, prend soin de la représentation, ce qui semble possible, compte tenu du rôle que joue Boisrobert dans les divertissements du cardinal. Selon Tallemant, Étienne Pascal partage ses fonctions de « commissaire député » en Normandie avec Pierre Dyel de Miromesnil. En fait Jacques Dyel de Miromesnil remplace, en 1643, Claude de Paris, intendant de Normandie, et travaille dès lors avec Étienne Pascal.

29. II. 209-216.

30. II. 218-219. Le poème où Jacqueline loue Mme d'Aiguillon « des vertus qu'on ne peut concevoir », est daté de janvier 1640. Il a pu être rédigé antérieurement. R. Pouzet, *op. cit.*, 71-74.

31. II. 218-219.

32. I. 575-576, II, 220-239. Les milieux scientifiques discutent de l'ouvrage. Plusieurs savants louent hautement l'adolescent génial. Mersenne estime que Blaise a « passé sur le ventre de tous ceux qui avaient traité le sujet ». En revanche Descartes exprime son scepticisme. Gilberte Périer rapporte, avec un plaisir évident, l'opinion de ceux qui estiment « que, depuis Archimède, on n'avait rien vu de cette force ».

33. La Normandie, sans être ravagée par la guerre déclarée à Philippe IV d'Espagne le 19 mai 1635, en subit le contrecoup. Les levées de troupes s'y succèdent. La province est taxée et surtaxée. En novembre 1637, la Normandie doit fournir 1 300 000 livres sur les 8 500 000 demandées aux Français. Le 16 juillet 1639, une révolte éclate à Avranches. Elle s'étend rapidement à toute la basse Normandie. Cette révolte des Nu-pieds inquiète Louis XIII et Richelieu, car Rouen s'agite à son tour. Du 20 au 23 août, les Rouennais s'en prennent à tout ce qui représente le pouvoir royal. Meurtres, pillages, incendies se succèdent pendant ces quatre jours. L'intendant Claude de Paris doit quitter Rouen pour Gisors. La révolte s'étend à Caen,

Vire, Bayeux, Coutances, Mortain, Carentan. Louis XIII envoie en Normandie un de ses meilleurs capitaines, le protestant Jean de Gassion (1609-1647, maréchal de camp depuis 1638, puis maréchal de France en 1643), à la tête de 1 200 cavaliers et de 4 000 hommes de pied.

34. II. 116-118.- Raymond Triboulet, *Gaston de Renty*, Paris, 1991, pp. 150-160.

35. Jérôme Besoigne, *Histoire de l'abbaye de Port-Royal*, Cologne, 1752, 6 vol., t. IV. 123-124 ; A. Féron, *Contribution à l'histoire du jansénisme en Normandie*, Rouen, 1908, I. 5-43 ; Pierre Thomas du Fossé, *Mémoires*, Rouen, édition F. Bouquet, 1876-1879, Introduction et 4 vol., t. I. pp. 39-45.

36. Dans ce combat entre les pouvoirs locaux et le pouvoir central, dans la lutte d'un petit peuple exaspéré contre le souverain, Étienne Pascal n'hésite pas. Il obéit au roi, joue le jeu de Richelieu puis de Mazarin, applique méticuleusement la loi. Cette loyauté inconditionnelle lui vaut des lettres de conseiller d'État le 27 décembre 1645.

37. La machine arithmétique est présentée au public chez Roberval. Blaise quitte parfois Rouen pour Paris. Deux de ses séjours dans la capitale, en janvier 1643 et en février 1644, sont bien attestés. Il est probablement venu d'autres fois dans la capitale.

38. I. 662, II. 257-262.

39. I. 663.

40. II. 263-269, 275. Jean Mesnard, « Gilberte et Jacqueline Pascal au pays d'Auvergne », *Chroniques de Port-Royal*, 1982, n° 31, 15-16. Cette première séparation au sein d'une famille unie débouche sur une correspondance active. Gilberte écrit au moins une fois par semaine et attend des nouvelles régulières de Rouen. Une lettre de Blaise à Gilberte, datée du 31 janvier 1643, laisse entendre que le courrier est très irrégulier et que des lettres se perdent (II, pp. 281-283). Jacqueline et Gilberte sont séparées pendant près de quatre ans.- R. Pouzet, *op. cit.*, 75-84.

41. II. 284-286.

42. Pierre Thomas du Fossé, *op. cit.*, I. 41-53. Gentien Thomas du Fossé épouse, en 1623, Madeleine Beuzelin. Ils ont au moins quinze enfants, dont Gentien, Henri et Pierre, tous trois baptisés en l'église Sainte-Croix-Saint-Ouen les 6 mai 1630, 28 juillet 1631, 12 avril 1634.

43. II. 287-294.

44. II. 295.

45. II. 306-309.

46. II. 302-305.

47. Jacqueline n'écrit aucune œuvre poétique au cours de sa vie religieuse, à l'exception des *Vers sur le miracle opéré en la personne de M*[lle] *Périer, sa nièce* (aux environs de novembre 1656), d'ailleurs rédigés à la requête de la mère Agnès. Selon T. Goyet, *op. cit.*, 130, le bilan de l'œuvre poétique de Jacqueline Pascal se limite à 893 vers : 2 quatrains, 1 dizaine, 3 rondeaux, 4 pièces faites pour être chantées, 6 épigrammes, 6 sonnets, 11 pièces baptisées stances, 4 pièces dont le genre n'est pas annoncé. Si l'on retire de ce bilan les 250 vers de 1656, il en reste 643 rédigés de son enfance jusqu'en 1645.

CHAPITRE II

48. Jean Guillebert (1605-1666) devient curé de Rouville le 4 octobre 1638. Il est alors étudiant en Sorbonne, simple sous-diacre. Pendant ses études, il se lie avec Antoine Arnauld, qui lui fait connaître Saint-Cyran, alors enfermé au château de Vincennes. Ordonné prêtre au début de 1642, il rejoint la cure de Rouville à l'instigation de Saint-Cyran. Le 27 décembre 1642, il revient à Paris pour recevoir le bonnet de docteur en Sorbonne. En mars 1647, il quitte Rouville pour vivre à Paris puis dans l'abbaye de Saint-Cyran-en-Brenne avec son ami Martin de Barcos. Mort à Paris en 1666, il est inhumé à Saint-Médard.

49. I. 577-578, 580, 608-609, 663, 1078-1079, 1097-1098.

50. I. 1079. R. Pouzet, *op. cit.*, 84-86.

51. Il s'agit d'une référence à *Luc*, 10, 42 où Jésus dit : « Il est besoin d'une seule chose » en parlant de Marie assise à ses pieds pour écouter sa parole. Le texte de la Vulgate (*Porro unum est necessarium*) revient fréquemment sous la plume des théologiens de Port-Royal, qui trouvent en cette expression un aspect fondamental de la vie chrétienne.

52. Pascal, *O C., Pensées*, 919.

53. Pascal, *O C., Pensées*, 545.

54. Pascal, *O C., Pensées*, 182.

55. I. 663-664.

56. I. 580-581, 1100. Note sur la maladie de Pascal, IV. 1469-1503.

57. II. 478-482.

58. I. 664. Dans *Romains*, 12,1, l'apôtre Paul parle du « culte logique (raisonnable) » (en grec : *logikê latreia*), qui est don total de la vie, avec un renouvellement de la pensée et de l'esprit.

59. II. 552-555.

60. II. 580-583.

61. I. 665.

62. II. 614-619.

63. II. 620-621.

64. I. 665-666.

65. II. 694-698.

66. Écho direct de la parole de Jésus rapportée en *Matthieu*, 9, 17.

67. II. 698. R. Pouzet, *op. cit.*, 95-103.

68. II. 701-703.

69. II. 704-706. Mme de Maubuisson est alors Suzanne du Saint-Esprit de la Roche, abbesse de 1648 à sa mort, le 6 novembre 1652.

70. I. 666-669.- R. Pouzet, *op. cit.*, 103-115. Gilberte Périer fait, dans *La vie de Jacqueline Pascal*, un récit détaillé de ce séjour où elle a pu voir de près l'attitude de Jacqueline.

71. II. 822-840.

72. Françoise de La Croix de Villelume de Barmontet (1620-1684) entre d'abord à l'abbaye cistercienne de l'Éclache, proche de Verneugheol, dont son père est le seigneur. Elle y devient professe et suit l'abbaye quand celle-ci doit s'installer en 1646 à Clermont-Ferrand. Françoise, insatisfaite de la vie menée dans l'abbaye, décide de quitter ce couvent pour aller à Port-Royal de Paris. Elle s'y trouve le 3 juin 1650. Comme son frère fait obstacle à ses projets, elle doit quitter l'abbaye du faubourg Saint-Jacques. Après un séjour de trois ans à l'abbaye de Maubuisson, elle obtient en 1653 l'autorisation d'être associée à Port-Royal de Paris. Le 26 août 1664, elle accompagne la sœur Chouy de Pensières dans son exil à l'hôpital de La Crèche. Les deux femmes sont conduites le 5 juillet 1665 à Port-Royal des Champs. Françoise de La Croix y meurt le 8 juillet 1684, à soixante-quatre ans trois mois.

73. I. 667-668.

74. II. 827-828. *Lettres de la mère Agnès Arnauld*, Paris, 1858, 2 tomes, t. I, 171-172.

75. II. 746-762.

76. II. 819-821.

77. II. 841-844.- R. Pouzet, *op. cit.*, 125-126.

78. II. 845-863. Constance Cagnat, *La Mort classique*, Paris, 1995, 72-93.

79. II. 864-879.- R. Pouzet, *op. cit.*, 129-140.

80. II. 880-883.

81. Mère Agnès, *op. cit.*, t. I. 204-206.

82. II. 899-901.

83. II. 887-888.

84. I. 670. En ce qui concerne les rapports de Blaise et de Jacqueline durant la période 1651-1653, voir Jean Mesnard, « Blaise Pascal et la vocation de sa sœur Jacqueline », *XVII*[e] *siècle*, 1951, n° 11, 69-92, 1952, n° 15, 373-396.

Chapitre III

85. Dans sa *Vie de Jacqueline Pascal*, Gilberte rapporte avec précision tous ces événements, I. 671.

86. II. 897-901.

87. Besoigne (Jérôme), *Histoire de l'abbaye de Port-Royal*, Cologne-Paris, 1752, I. 336-344.

88. II. 909-917.

89. *Les Constitutions du monastère du Saint Sacrement*, (citées *Les Constitutions*), Mons, 1665, 307-340.

90. II. 927-931.

91. Pour l'acquisition de Bien-Assis et le voyage de Blaise à Clermont-Ferrand, R. Pouzet, *op. cit.*, 138-148.

92. *Relation de Jacqueline Pascal*, 10 juin 1653, II. 968-970.-R. Pouzet, *op. cit.*, 148-153.

93. Racine (Jean), *Œuvres complètes*, éd. R. Picard, I, Paris, 1950 (nouvelle édition, G. Forestier, 1999) et 1960, t. II, p. 78.

94. I. 898-899.

95. II. 964-965, 968-970.

96. II. 971-974.

97. II. 951.

98. II. 991-992.

99. II. 946-949.

100. II. 976-989.

101. 2e tableau, scène 1.

102. Pascal, *O. C., Pensées*, 808.

103. II. 950-951.

104. I. 672-675 ; [P. Leclerc], *Vies intéressantes et édifiantes des religieuses de Port-Royal, et de plusieurs personnes qui leur étaient attachées*, s. l., 1750-1752, 4 vol. in-12, II. 356-359.

105. II. 952-953.

106. II. 954-998.

107. II. 1006-1007.

108. II. 1001-1005.

109. Blaise est le dernier des enfants de Florin et Gilberte Périer. Après le décès de la petite Marie (fin de 1649-début de 1650), il reste cinq enfants : Étienne, Jacqueline, Marguerite, Louis, Blaise.

110. J. Mesnard, *Pascal et les Roannez*, 169-176, 369, 377.

111. I. 1100-1101.

112. I. 612.

113. I. 613.

114. III. 68.

115. Lettre du 25 janvier 1655 à Gilberte Périer. III. 70-75.

116. III. 61-68.

117. III. 444-445.

118. III. 800-815.- R. Pouzet, *op. cit.*, 177-178.

119. III. 923-924.

120. Mère Agnès, *op. cit.*, II. 83-84.

121. III. 984-995.

122. *Les Constitutions*, 94-103.

123. *Les Constitutions*, 259-285.

124. III. 1077-1080.

125. IV. 666-668.

Chapitre IV

126. *Vies intéressantes*, *op. cit.*, I. 391-396, II. 107-127.

127. IV. 787-791. La mère Angélique retourne à l'abbaye de Paris le jeudi 26 février 1660.

128. IV. 792-794. Comme le signale M. Jean Mesnard, IV, 794, note 1, ces noms de religion sont uniquement connus par cette lettre de Jacqueline. La chose est d'autant plus étrange que Jacqueline et Marguerite n'entreront au noviciat que le 23 ou le 24 avril 1661. Elles sont effectivement portées comme novices au moment de la dispersion de toutes les novices. Besoigne, *op. cit.*, I. 408, 412, 413.

129. R. Pouzet, *op. cit.*, 205-212.

130. IV. 926-928.

131. Les causes de sa maladie ne sont pas connues. Il est certes possible de penser au climat malsain de Port-Royal des Champs. Pourtant des travaux d'assainissement ont été entrepris en 1652-1653. Le duc de Luynes, Guillaume Dugué de Bagnols et les Solitaires ont fait rehausser le sol de l'église d'environ deux mètres afin d'éliminer l'humidité qui depuis longtemps rendait l'église très humide. Le duc d'Albert de Luynes (1802-1867) fit entreprendre des travaux de déblaiement qui permirent de mettre à jour en 1845 des fûts de colonnes hauts d'environ deux mètres indiquant de façon concrète l'importance du remblai effectué en 1652.

132. IV. 949-953 ; mère Agnès, *op. cit.*, I. 450, 452, 471 ; *Choix de lettres inédites de Louis-Isaac Le Maistre de Sacy* (1650-1683), éd. par Geneviève Delassault, Paris, Nizet, 1959, 76, 77, 79.

133. Sur les lettres de consolation, C. Cagnat, *op. cit.*, 19 à 48.

134. IV. 960-963.

135. I. 630.

136. IV. 1035-1037.

137. *Les Constitutions*, 62.

138. IV. 1051-1054.

139. « Aujourd'hui si vous entendez sa voix, n'endurcissez pas votre cœur », Vulgate : *Hodie si vocem eius audieritis, nolite obdurare corda vestra, Hébreux*, 4, 7.

140. Gabriel Gerberon, *Histoire générale du jansénisme et de tout ce qui s'est passé en France*, Amsterdam, 1700, 3 vol. in-8°, t. II. 489-490.

141. Charles Clémencet, *Histoire générale de Port-Royal*, Cologne, 1755-1757, 10 vol. in-12, t. IV. 31-33.

142. IV. 1055-1057.

143. IV. 1132-1135.

144. IV. 1064-1072.

145. I. 1019. Extraits du *Catalogue de Fouillou*.

146. IV. 1073-1090.

147. IV. 1091-1093.

148. Antoine Arnauld (principal rédacteur), Pierre Nicole, Claude de Sainte-Marthe : *Apologie pour les Religieuses de Port-Royal du Saint-Sacrement*, quatre parties, parues du 20 octobre 1664 au 21 avril 1665.

149. Le mot ambigu est emprunté au latin *ambigus*, composé de *ambi*, « de côté et d'autre », et de *agere*, « pousser, marcher ». Ambigu se dit de ce qui réunit des caractères différents et opposés, avec les incertitudes ou les difficultés d'interprétation qui en découlent.

150. M. Mesnard pense que c'est probablement cette formule, ou une autre du même genre, que les religieuses des Champs ajoutèrent au texte des religieuses de Paris. IV. 1089, note 1.

151. *Matthieu*, 5, 38-41.

152. *Matthieu*, 7, 13-14.

153. Un livre de Denis Raymond (pseudonyme de Noël de la Lane ou de Claude Girard avec la collaboration d'Antoine Arnauld et de Pierre Nicole) paraît vers mai 1661 : *Éclaircissement du fait et du sens de Jansénius* (...). Il fait le point sur l'attitude des augustiniens en ce qui concerne le Formulaire. Selon les auteurs il faut le récuser et donc en refuser la signature. G. Hermant, *op. cit.* , IV. 682-683.

154. L'Église catholique utilise *Ecclésiastique*, 31, 9-11 dans sa liturgie des saints, pour louer les confesseurs de la foi. Il s'agit donc pour Jacqueline d'une réminiscence liturgique.

155. IV. 1094-1096.

156. La mère du Fargis ne cite que le début du texte de la Vulgate : *« Sive enim mente excedimus Deo. »*

157. Voir aussi *Luc* 12, 8-9. Le verbe grec *omologuéô* signifie avouer, déclarer, professer, confesser (dans le sens de témoigner). La mère Du Fargis, nourrie de la Bible, cite par ailleurs la parabole du semeur, *Matthieu*, 13, 4-9, et le *Psaume* 118, 43 : « N'arrache pas de ma bouche la parole de vérité. »

158. IV. 1104-1110.

159. L'ouvrage de Guillaume Le Roy de Hautefontaine, *Les Règles de la morale chrétienne recueillies du Nouveau Testament par saint Basile*, paraît à Paris, chez Savreux, en cette année 1661.

160. Clémencet, *op. cit.*, IV. 152-153.

161. Ces témoignages furent recueillis dans *Les relations sur la vie de la mère Angélique*, s. l., 1737.

162. IV. 1126-1131.

163. Mère Agnès, *op. cit.*, 7 et 8.

164. IV. 1141.

165. IV. 1152.

166. I. 592, 630.

167. IV. 1142-1154.

168. Littéralement : « Ainsi il y a eu bon plaisir devant toi. »

Chapitre V

169. Pour ce chapitre, Pierre Magnard, « La spiritualité de Jacqueline Pascal », *Chroniques de Port-Royal* n° 31, 1982, pp. 137-152 ; Frédéric Delforge, « Jacqueline Pascal devant Dieu », *La vie spirituelle*, mars-avril 1985, pp. 170-187.

170. II. 259-260.

171. I. 663.

172. Pascal, *O. C., Pensées*, 377.

173. Dans *I Thessaloniciens*, 5, 23, se trouve la division de l'être selon l'apôtre Paul : souffle ou esprit (*pneuma*), âme (*psyché*), corps (*sôma*).

174. III. 958-961. *Lettre de Jacqueline Pascal*, 3 octobre 1656.

175. Dieu reproche à Israël de ne pas attendre l'exécution de son dessein (*Psaume* 106, 13-Vulgate 105), ce qui est une des formes majeures de l'insubordination du peuple qu'il s'est choisi.

176. II. 697.

177. Pascal, *O. C., Pensées*, 55.

178. Dans *Le mystère de la mort de notre Seigneur Jésus-Christ*, II. 749.

179. III. 960-961.

180. II. 762.

181. Pascal, *O. C., Pensées*, 417.

GLOSSAIRE

Académie. Vient du grec *Akadémeia*, jardin d'Akadémos, près d'Athènes, où Platon enseignait. Il a ensuite désigné l'école de philosophie platonicienne. À partir du milieu du XVIe siècle il a existé en France de nombreuses sociétés savantes ou littéraires appelées *académies*.

Assemblées générales du Clergé de France. Ces Assemblées apparaissent à Poissy en 1561 et deviennent définitives à Melun en 1579. Elles se tiennent le plus souvent à Paris, au couvent des Grands Augustins. Toutes les provinces appartenant au royaume de France y sont représentées par des délégués élus. Elles ont lieu tous les dix ans, les années dont le millésime se termine par un cinq, 1625, 1635, etc. C'est la Grande Assemblée ou Assemblée du contrat, car elle est essentiellement chargée de déterminer le montant des contributions versées par le clergé au roi de France. S'y ajoute bientôt une Petite Assemblée ou Assemblée des comptes destinée à vérifier les comptes dans les années terminées par zéro, 1630, 1640, etc. Celle-ci devenant aussi importante que les Grandes Assemblées, l'Assemblée générale du Clergé de France se réunit en fait tous les cinq ans. Très tôt ces Assemblées dépassent leur rôle financier pour s'occuper de toutes les questions intéressant l'Église de France.

Augustiniens. Chrétiens qui adoptent la pensée d'Augustin d'Hippone (354-430), particulièrement sur la grâce. À partir de la publication de l'*Augustinus* de Jansénius en 1640, leurs adversaires les appellent jansénistes, une dénomination que contestent les augustiniens, mais qui finit par passer dans le langage courant.

Bref. Lettre du pape, scellée de l'anneau du pêcheur, représentant Pierre jetant ses filets, sur cire rouge. Le bref a moins d'importance que la bulle.

Bulle ou **constitution.** Le mot bulle vient du latin médiéval *bulla* : sceau de métal, acte marqué de ce sceau. La bulle ou constitution est une lettre patente du pape contenant ordinairement une constitution générale, écrite en caractères gothiques, sur parchemin, ainsi nommée car scellée d'une boule de plomb. Le document se termine par la date exprimée dans le calendrier romain avec l'indication de l'année (qui commence le 25 mars). Les bulles courantes ne portent pas la signature du pape. Une bulle est nécessaire pour confirmer l'élection ou la nomination d'un abbé ou d'une abbesse. Il peut y avoir un certain temps entre la rédaction d'une bulle et sa publication ou sa communication aux autorités et aux personnes concernées.

Carte de visite. Texte où se trouve le compte rendu d'une visite officielle du supérieur d'une abbaye ainsi que les recommandations et les conseils qui s'imposent.

Constitutions monastiques. Lois fondamentales des monastères.

Denier 18, denier 20. Il s'agit du taux d'intérêt. Ainsi denier 20 représente 100 : 20 = 5% d'intérêt, le denier 18 est égal à 100 : 18 = 5, 55% d'intérêt.

Dot. Ce nom a été masculin jusqu'au XVIIe siècle.

Fulminer. Le mot vient du latin classique *fulminare* : foudroyer. En droit canon, il signifie à l'origine « lancer une condamnation dans les formes ». Par extension il a pris le sens de publier une loi pénale ou un rescrit. Quand le pape envoie une bulle, il la fulmine.

Grands vicaires. Les vicaires généraux ou grands vicaires aident l'archevêque ou l'évêque dans l'exercice de leur ministère, particulièrement dans l'administration de leur diocèse.

Lettres de cachet. Ordres particuliers du roi expédiés par lettres closes. Le document, plié et replié, est fermé par une bandelette de papier où l'on appose le sceau royal. Ce qui explique le nom de ces lettres, qui peuvent concerner une incarcération dans une prison ou un couvent, mais aussi toute mesure concernant la police ou l'ordre public.

Lieutenant civil. Par un arrêt du Parlement de 1515, la police relevait du lieutenant civil et du lieutenant criminel. En 1630 le lieutenant civil de la prévôté et vicomté de Paris au Châtelet obtient tous les pouvoirs de police. C'est un magistrat délégué par le prévôt de Paris pour juger les affaires criminelles du Grand Châtelet. Un édit de mars 1667 réforme l'organisation de la police. Tous les pouvoirs sont concentrés dans les mains d'un « lieutenant du prévôt pour la partie de la police ». Gabriel-Nicolas de La Reynie, maître des requêtes, en est le premier titulaire.

Livre. Monnaie de compte. La livre parisis, en usage dans le domaine royal, a été écartée au profit de la livre tournois. Au XIIIe siècle, sous Louis IX, est adopté le système tournois (car la monnaie est frappée à Tours) pour la comptabilité du royaume. La livre tournois comprend 20 sous tournois ou 240 deniers tournois. La livre parisis vaut 25 sous tournois. Un sol vaut 12 deniers tournois.

Pénitencier. Prêtre ayant l'autorisation de confesser. Dans l'usage moderne il s'applique au prêtre chargé par le pape ou par l'évêque d'absoudre des cas réservés. Le grand pénitencier, vicaire de l'archevêque de Paris, a autorité sur tout le diocèse pour les problèmes de pénitence.

Pères de l'Église. Nom donné à certains maîtres ou théologiens particulièrement éminents ayant vécu de la fin du Ier à la fin du VIe siècle. Cette liste s'étend jusqu'à certains grands scolastiques du Moyen Age comme Scot Erigène, Anselme de Canterbury, Bernard de Clairvaux.

Petites Écoles. Saint-Cyran organise en 1637 des Petites Écoles destinées à la préparation des prêtres. Très vite ces écoles reçoivent des enfants que leurs parents confient à des maîtres qualifiés pour leur donner une éducation chrétienne. Il y a eu aux Petites Écoles 120 à 150 enfants, dont Jean Racine et Sébastien Le Nain de Tillemont. Les Petites Écoles disparaissent au printemps 1660.

Scapulaire. Vêtement religieux fait de deux larges bandes d'étoffe qui tombent des épaules (d'où son nom) sur la poitrine et sur le dos.

Visite canonique. Visite de l'évêque ou d'un vicaire général organisée selon le canon ecclésiastique, qui fixe la régularité et les modalités de ces visites.

Chronologie de la vie de Jacqueline Pascal

I. Clermont

Début 1614. Étienne Pascal est marié à Antoinette Begon qu'il a épousée à une date qui nous est inconnue.

24 décembre 1617. À Clermont, en la paroisse Saint-Pierre, baptême d'Anthonia Pascal qui meurt très jeune.

1619. Un autre enfant meurt après son baptême.

1er janvier 1620. À Clermont, en la maison des Pascal, rue des Gras, naissance de Gilberte Pascal, qui est baptisée en la paroisse Saint-Pierre le 3 janvier 1620.

19 juin 1623. À Clermont, en la maison de la rue des Gras, naissance de Blaise Pascal, qui est baptisé en la paroisse Saint-Pierre le 27 juin 1623.

5 octobre 1625. À Clermont, en la maison de la rue des Gras, naissance de Jacquette Pascal.

10 octobre 1625. À Clermont, en la paroisse Saint-Pierre, baptême de Jacquette Pascal, appelée Jacqueline par les siens.

1626. Mort d'Antoinette Begon, épouse d'Étienne Pascal.

Avril 1630. Les villes de Clermont et de Montferrand sont unies par édit royal sous le nom de Clermont-Ferrand. La Cour des Aides est transférée dans la partie appelée antérieurement Clermont.

II. Paris

Novembre 1631. Étienne Pascal se retire à Paris avec ses trois enfants. La famille loge pour peu de temps rue des Juifs (rue Ferdinand-Duval), paroisse Saint-Gervais, en bordure du Marais, peut-être dans une auberge ou un hôtel.

1er janvier 1632. La famille Pascal s'installe rue de la Tixanderie, paroisse de Saint-Jean-en-Grève.

16 avril 1634, jour de Pâques. La famille Pascal quitte la rue de la Tixanderie et s'installe à Saint-Germain des Prés, rue Neuve Saint-Lambert, en face de l'hôtel de Condé.

24 juin 1635. La famille Pascal s'installe rue Brisemiche, au cloître Saint-Merri.

Automne 1636. Étienne Pascal fait un voyage en Auvergne avec Gilberte. Jacqueline est confiée à Mme Sainctot, sœur du poète Dalibray, tandis que Louise Delfault garde Blaise.

Décembre 1637. Jacqueline écrit une *Chanson sur l'air d'une sarabande*.

Avril 1638. Jacqueline rédige des poésies : *Quatrain fait sur-le-champ, sur ce que Madonte faisait fermer les volets de sa chambre* et *À Madame de Morangis. Stances acrostiches*.

Mai 1638. Mme de Morangis conduit Jacqueline à Saint-Germain pour présenter des vers à la reine sur sa grossesse.

Juin 1638. Jacqueline rédige des *Stances à Madame de Morangis*. Ces stances et les vers présentés à Saint-Germain sont publiés sous le titre *Vers de la petite Pascal*. La plaquette est dédiée à la reine, Anne d'Autriche, qui va mettre au monde le 5 septembre le futur Louis XIV.

Juillet 1638. Vers de Jacqueline : *À Madame de Morangis, Sonnet ; Dixain ; Stances faites sur-le-champ.*

Août 1638. Vers de Jacqueline : *Épigramme pour remercier Dieu du don de poésie ; Stances sur le même sujet.*

Eté 1638. Vers de Jacqueline : *Quatrain sur la naissance d'un fils à Mme la comtesse de Fleix.*

Septembre-octobre 1638. Jacqueline est atteinte de la petite vérole (variole). Elle guérit, mais son visage est grêlé et Jacqueline reste marquée de taches indélébiles.

Novembre 1638. Stances de Jacqueline *Pour remercier Dieu au sortir de la petite vérole.*

Février 1639. Richelieu désirant voir jouer la comédie par des enfants, la duchesse d'Aiguillon, nièce du cardinal, sollicite Jacqueline. Elle pense que celle-ci pourrait profiter de cette occasion pour implorer la grâce de son père, lequel se cache pour éviter les sanctions prises par Richelieu à la suite d'une manifestation de rentiers du 24 mars 1638.

Mars 1639. Jacqueline compose une *Épigramme* à *Monseigneur l'Éminentissime duc de Richelieu* pour obtenir la grâce d'Étienne Pascal.

3 avril 1639, dimanche. Au Palais-Cardinal Jacqueline et ses jeunes amies jouent devant Richelieu et Mme d'Aiguillon *L'amour tyrannique* de Georges de Scudéry où Jacqueline tient le rôle de Cassandre. Après la représentation Jacqueline présente sa supplique à Richelieu, qui lui accorde la grâce de son père.

4 avril 1639. Jacqueline écrit à son père pour lui raconter ce qui s'est passé la veille et pour l'assurer du pardon de Richelieu.

Mai 1639. Étienne Pascal et ses enfants se rendent à Rueil pour remercier le cardinal. À cette occasion, Jacqueline compose une *Épigramme* dédiée au « duc incomparable ».

2 janvier 1640. Étienne Pascal est nommé par le roi « commissaire député par Sa Majesté en la haute Normandie pour l'impôt et levée des tailles, et sur le fait de la subsistance et étapes des troupes et autres affaires concernant les services de Sa Majesté en la dite province ». Étienne Pascal s'installe rue des Murs Saint-Ouen, paroisse de Sainte-Croix-Saint-Ouen.

Janvier 1640. Sonnet de Jacqueline *À Madame la duchesse d'Aiguillon.*

Février 1640. *Sonnet de dévotion* de Jacqueline.

III. Rouen

Printemps 1640. Gilberte, Blaise et Jacqueline rejoignent leur père à Rouen.

22 novembre 1640. Jacqueline compose une *Épigramme* pour la fête de Sainte-Cécile.

8 décembre 1640. L'académie des Palinods couronne des *Stances* de Jacqueline.

8 décembre 1641. Au cours d'une séance de l'académie des Palinods, Jacqueline présente un *Remerciement* pour le prix obtenu en décembre 1640.

Février 1642. Jacqueline écrit des *Stances contre l'amour.*

Avril 1643. Sonnet de Jacqueline *Sur la guérison apparente du roi.*

14 mai 1643. Mort de Louis XIII. Avènement de Louis XIV, Anne d'Autriche devenant régente du royaume. Sonnet de Jacqueline *À la reine, sur sa régence.*

Septembre 1643. Stances de Jacqueline : *Pour une dame amoureuse d'un homme qui n'en savait rien*. Isaac de Benserade écrit une *Réponse aux vers précédents par Monsieur de Benserade*.

Octobre 1643. Jacqueline écrit un *Sonnet fait après les rimes*.

Mai 1645. Jacqueline écrit une *Consolation sur la mort d'une huguenote*.

En cours d'année 1645. *Chanson* et autres poésies de Jacqueline.

Janvier 1646. Étienne Pascal se démet la cuisse. Il est soigné par deux gentilshommes normands spirituellement dirigés par Jean Guillebert, curé de Rouville. Ayant vu vivre ces deux hommes totalement consacrés à Dieu, Blaise puis Jacqueline se donnent à Dieu, suivis par Étienne Pascal. Celle-ci reçoit le sacrement de confirmation des mains de Jean-Pierre Camus.

En cours d'année 1646. *Suite des Stances contre l'amour* de Jacqueline.

IV. Paris

Eté 1647. Blaise et Jacqueline quittent Rouen pour regagner à Paris la maison de la rue Brisemiche.

24 octobre 1647. Les religieuses de Port-Royal obtiennent la réunion à leur monastère de l'Institut du Saint-Sacrement. Le scapulaire noir des bernardines fait place à un scapulaire blanc avec une croix écarlate sur la poitrine.

1er octobre 1648. Étienne, Blaise et Jacqueline Pascal quittent la maison de la rue Brisemiche et s'installent rue de Touraine.

V. Clermont-Ferrand

Mai 1649. Étienne, Blaise et Jacqueline, probablement accompagnés d'Étienne Périer, s'installent à Clermont-Ferrand chez les Périer.

Novembre 1650. Retour à Paris d'Étienne, Blaise et Jacqueline Pascal, sans doute accompagnés d'Étienne Périer.

VI. Paris

Fin mai-début juin 1651. Jacqueline rédige *Le Mystère de la Mort de Notre-Seigneur Jésus-Christ.*

24 septembre 1651. Mort d'Étienne Pascal, qui est inhumé le 26 en l'église Saint-Jean-en-Grève.

19 au 26 octobre 1651. Série de donations réciproques entre Blaise et Jacqueline.

5 novembre 1651. Jacqueline revient rue de Touraine après une retraite de quelque jours à Port-Royal de Paris.

25 décembre 1651. Les familles Pascal et Périer quittent la rue de Touraine et s'installent rue Beaubourg.

VII. Jacqueline à Port-Royal de Paris

4 janvier 1652. Jacqueline entre de bon matin à Port-Royal de Paris.

7/9 mai 1652. Lettre de Jacqueline à Blaise pour lui annoncer sa proche vêture, qui va faire d'elle une novice.

10 mai 1652. Lettre de Jacqueline à Gilberte Périer pour lui annoncer également sa prochaine vêture.

26 mai 1652, dimanche de la Trinité. Jacqueline revêt l'habit de religieuse et choisit le nom de sœur Jacqueline de Sainte-Euphémie.

8 juillet 1652. Option de Blaise sur les biens de Jacqueline de Sainte-Euphémie. Donation de Blaise à Port-Royal de Paris.

Fin avril-début mai 1653. Jacqueline de Sainte-Euphémie écrit à Gilberte et à Blaise pour leur annoncer sa proche profession et son dessein d'effectuer une donation à Port-Royal de Paris. Vers le 10 ou le 15 mai 1653, Blaise et Gilberte Périer répondent à leur sœur qu'ils ne sont pas d'accord pour une donation de ce genre.

Vers le 20 mai 1653. Nouvelle lettre de Jacqueline de Sainte-Euphémie à sa sœur et à son frère pour leur annoncer sa proche profession.

Fin mai 1653. Retour de Blaise à Paris.

Fin mai-début juin 1653. Plusieurs entrevues difficiles et mouvementées entre Blaise et Jacqueline de Sainte-Euphémie à propos de la dot de la future professe.

3 juin 1653. Testament de Jacqueline de Sainte-Euphémie.

4 juin 1653. Donation de Blaise à Port-Royal de Paris.

VIII. Jacqueline de Sainte-Euphémie, à Port-Royal de Paris après sa profession

5 juin 1653, jeudi. Jacqueline fait profession à Port-Royal de Paris. Elle est nommée maîtresse des enfants.

1er octobre 1654. Blaise quitte la rue Beaubourg et s'installe rue des Francs-Bourgeois Saint-Michel (54, rue Monsieur-le-Prince).

Fin septembre-début octobre 1654. Jacqueline écrit à Gilberte Périer pour lui faire savoir que Blaise a renoncé aux engagements qu'il avait dans le monde.

Nuit du 23 au 24 novembre 1654. Nuit du *Mémorial* où Blaise se donne totalement au Dieu de Jésus-Christ.

8 décembre 1654. Lettre de Jacqueline à Gilberte Périer annonçant le changement survenu chez Blaise.

2 janvier 1655. Antoine Singlin accepte de diriger Blaise et lui conseille de faire une retraite à Port-Royal des Champs.

7-28 janvier 1655. Blaise séjourne chez le duc de Luynes à Vaumurier puis rejoint les Solitaires aux Granges.

25 janvier 1655. Jacqueline écrit longuement à Gilberte Périer pour lui raconter les heureuses transformations de Blaise. Elle achève cette lettre le 8 février.

28 janvier 1655. Blaise rentre à Paris et demeure quelques jours dans une chambre à Port-Royal de Paris. Il rejoint sa maison de la rue des Francs-Bourgeois Saint-Michel au plus tard le 8 février.

26 octobre 1655. Lettre de Jacqueline de Sainte-Euphémie à Blaise relative à la méthode de lecture qu'il a inventée.

Automne 1655. Blaise met au point sa méthode de lecture, qui se retrouvera dans la *Grammaire générale et raisonnée*, publiée en 1660 par Antoine Arnauld et Claude Lancelot.

24 mars 1656. Lettre de Jacqueline de Sainte-Euphémie aux Périer pour faire hâter l'opération de Marguerite Périer, qui souffre d'une fistule lacrymale à l'œil gauche. Cette lettre parvient à ses destinataires le 28 mars.

24 mars 1656, vers 15 heures. Dans l'église de Port-Royal de Paris, Marguerite Périer est guérie de façon « extraordinaire « de sa fistule lacrymale. Quelques heures plus tard, cet œil redevient normal.

28 mars 1656. Jacqueline commence sa lettre aux Périer pour leur annoncer la guérison « extraordinaire « de Marguerite. Elle la termine le 31 mars et en écrit une autre dans l'après-midi pour raconter la visite du maître chirurgien Dalencé.

31 mars 1656. Le maître chirurgien Martin Dalencé constate officiellement la guérison «extraordinaire» de Marguerite Périer.

12 juin 1656. Déposition de Jacqueline de Sainte-Euphémie au sujet de la guérison de sa nièce.

28 juin 1656. Antoine Singlin est nommé supérieur des deux monastères de Port-Royal.

1er et 2 septembre 1656. L'Assemblée du Clergé rédige le projet d'un Formulaire où les *Cinq propositions* seraient condamnées au sens de Jansénius.

3 octobre 1656. Lettre de Jacqueline de Sainte-Euphémie à une jeune fille qui désire entrer à Port-Royal mais se heurte au refus de son père refusant de payer sa dot.

16 octobre 1656. Alexandre VII promulgue la bulle *Ad sacram beati Petri sedem*, qui affirme que les *Cinq propositions* sont dans l'*Augustinus* et qu'elles sont condamnées au sens où Jansénius les a entendues.

24 et 30 octobre 1656. Lettres de Jacqueline de Sainte-Euphémie à Gilberte Périer relatives à la guérison de Marguerite Périer.

Novembre 1656. C'est probablement dans le courant de ce mois que Jacqueline de Sainte-Euphémie compose son poème sur la guérison de Marguerite Périer.

10 février 1657. À l'occasion de la fête de sainte Scholastique Antoine Arnauld propose à la méditation de Jacqueline de Sainte-Euphémie un texte de Bernard de Clairvaux.

15 (ou 17) avril 1657. *Règlement pour les enfants de Port-Royal*, de Jacqueline Pascal, qui paraîtra en 1665 dans les documents de la seconde partie de l'ouvrage *Les Constitutions du monastère du Port-Royal du Saint-Sacrement.*

13 décembre 1658. La mère Agnès est à nouveau élue abbesse. Jacqueline de Sainte-Euphémie est nommée sous-prieure.

Début de l'année 1659. La sœur Angélique de Saint-Jean quitte les Champs pour Port-Royal de Paris, où elle devient maîtresse des novices.

7 juin 1659. Déclaration de Louis XIV interdisant de créer des communautés, maisons religieuses ou séminaires sans permission royale.

IX. Jacqueline de Sainte-Euphémie, à Port-Royal des Champs

6 ou 7 novembre 1659. Jacqueline Pascal quitte Paris pour le monastère des Champs.

3 janvier 1660. La mère Marie de Sainte-Madeleine d'Angennes du Fargis est nommée prieure de Port-Royal des Champs. Ce même jour, Jacqueline est nommée sous-prieure et maîtresse des novices des Champs.

7 octobre 1660. Lettre de Jacqueline à la sœur Angélique de Saint-Jean sur la mort de la sœur Anne-Marie de Sainte-Eugénie Arnauld d'Andilly.

13 avril 1661. Le roi donne l'ordre de disperser les pensionnaires et les novices de Port-Royal de Paris et des Champs.

19 avril 1661. Le roi veut changer les directeurs de Port-Royal, et confirme sa volonté de renvoyer les pensionnaires et les novices de Port-Royal, de n'accepter ni novices ni pensionnaires jusqu'à nouvel ordre.

23 avril 1661. La mère Angélique quitte Port-Royal des Champs pour venir se soigner à l'abbaye de Paris.

24 avril 1661. Le commissaire Picart se rend à Port-Royal des Champs pour transmettre la décision du 13 avril ordonnant de renvoyer les pensionnaires et les novices, de n'en accepter jusqu'à nouvel ordre, de ne recevoir quiconque à la profession ou à la vêture. Il est reçu par la prieure et par la sous-prieure.

5 mai 1661. Dreux d'Aubray, lieutenant civil, donne trois jours aux pensionnaires de Port-Royal des Champs pour quitter l'abbaye. La prieure et la sous-prieure signent le procès-verbal.

8 mai 1661. Antoine Singlin doit quitter Port-Royal de Paris.

14 mai 1661. Louis Bail est nommé supérieur de Port-Royal.

23 juin 1661. Lettre de Jacqueline de Sainte-Euphémie à la sœur Angélique de Saint-Jean au sujet de la signature du Formulaire.

23 juin 1661. Lettre de Jacqueline à Antoine Arnauld au sujet de la signature du Formulaire. La mère Du Fargis accompagne cet envoi d'une lettre à Antoine Arnauld.

24 ou 25 juin 1661. Les religieuses des Champs signent le Formulaire en y ajoutant le préambule de celles de Paris. Elles y ajoutent un codicille pour préciser le sens de leur signature.

26-29 juin 1661. Séjour aux Champs de Louis Bail, supérieur de Port-Royal. Il interroge toutes les religieuses, y compris Jacqueline de Sainte-Euphémie.

6 août 1661, samedi, fête de la Transfiguration. Vers 21 heures, mort de la mère Angélique à Port-Royal de Paris. Elle est inhumée le 8 août sous les dalles du chœur de l'église de Port-Royal de Paris. Son cœur est transporté à Port-Royal des Champs.

Août 1661. La mère Agnès demande à toutes les religieuses d'écrire une *Relation* sur la mère Angélique. Jacqueline de Sainte-Euphémie en rédige une.

14 septembre 1661. Lettre de la mère Agnès à Mme de Foix, coadjutrice de Saintes, sur la maladie de Jacqueline.

30 septembre 1661. Lettre de Jean Hamon, médecin de Port-Royal des Champs, à la sœur Marie-Angélique de Sainte-Thérèse Arnauld d'Andilly sur la maladie de Jacqueline de Sainte-Euphémie.

4 octobre 1661. Mort de Jacqueline de Sainte-Euphémie, sous-prieure des Champs. À partir du 5, lettres sur sa mort adressées à sa famille et à Port-Royal.

BIBLIOGRAPHIE CHRONOLOGIQUE

Constitutions du monastère de Port-Royal du S.[aint] *Sacrement*, Mons, 1665. En appendice : *Règlement pour les enfants* par Jacqueline Pascal, 15 ou 17 avril 1665, pp. 421-528.

Mère Agnès Arnauld, *Image d'une religieuse parfaite et d'une imparfaite*, étude suivie des *Occupations intérieures pendant toute la journée pour des religieuses*, Paris, Savreux, 1665. Cet ouvrage a parfois été attribué à Jacqueline de Sainte-Euphémie. En fait l'*Image d'une religieuse parfaite* a été recueillie par Jacqueline de Sainte-Euphémie, mais préparée par la mère Agnès. Une première version des *Occupations intérieures* a été rédigée par Jacqueline de Sainte-Euphémie, mais la mère Agnès l'a revue et augmentée.

Nécrologe de l'abbaye de Notre-Dame de Port-Royal des Champs, Amsterdam, Nicolas Potgieter, 1723, 391-392.

Mémoires pour servir à l'histoire de Port-Royal et à la vie de la Révérende mère Angélique, Utrecht, Aux dépens de la Compagnie, 1742, 3 vol. III, 54-110.

Vies intéressantes et édifiantes des religieuses de Port-Royal, [Abbé de la Croix, publication de Pierre Leclerc], Aux dépens de la Compagnie, s.l., 1750-1752, 4 vol., II, 339-356.

Besoigne (Jérôme), *Histoire de l'abbaye de Port-Royal*, Cologne, Aux dépens de la Compagnie, 1752, I, 353-356, 432-434, III. 293-297.

[Leclerc (Pierre)], *Histoire des persécutions des religieuses de Port-Royal, écrites par elles-mêmes*, Villefranche, 1753, 27-30, 167-168.

Clémencet (Dom Charles), *Histoire Générale de Port-Royal*, Amsterdam, Jean Verduren, 10 vol., 1755-1757, III, 376-377, 406-417, 424-425, IV, 179-183.

Entretiens et conférences de la Révérende Mère Marie-Angélique Arnauld, Bruxelles et Paris, 1757. En appendice : *Pensées édifiantes sur le mystère de la mort de Notre Seigneur Jésus-Christ*, par Jacqueline Pascal, 429-451.

[Poulain de Nogent], *Nouvelle histoire abrégée de l'abbaye de Port-Royal*, Paris, Varin, Froullé, Mequignon, 1786, 4 vol. en 2 tomes, II, 126-136.

Cousin (Victor), *Jacqueline Pascal*, Paris, Didier et Cie,1844. Sixième édition, 1878.

Faugère (Prosper), *Lettres, opuscules et mémoires de Mme Périer et de Jacqueline, sœurs de Pascal, et de Marguerite Périer, sa nièce*, publiés sur le manuscrits originaux par M. P. Faugère, Paris, Vaton, 1845, 2 vol.

Cadet (Félix), *L'éducation à Port-Royal*, Paris, 1887. Les pages 54 à 69 traitent de l'éducation des filles à Port-Royal.

Buisson (Ferdinand), sous la direction de, *Dictionnaire de pédagogie et d'instruction primaire*, Paris, 2 vol., 1888. Au tome II, pp. 2215 à 2218, un article signé Irénée Carré est consacré à Jacqueline Pascal.

Dhanys (Marcel), *Journal d'une élève de Port-Royal*, Paris, Paul Ollendorff, 1904. L'auteur imagine une série de lettres de Charlotte de Pomponne (une des filles de Simon Arnauld de Pomponne) à son amie Madeleine de Louvois (la fille de Louvois, qui doit épouser François VIII de La Roche-Guyon, futur duc de La Rochefoucauld). Ces écrits s'échelonnent du 2 octobre 1678 au 21 mai 1679, avec l'évocation de la mort de Mme de Longueville et des événements de mai 1679.

Mauriac (François), *Blaise Pascal et sa sœur Jacqueline*, Paris, Hachette, 1931.

Rennes (Jacques), *Vie de Jacqueline Pascal*, Genève, Roulet, 1948.

Mesnard (Jean), « Blaise Pascal et la vocation de sa sœur Jacqueline », *XVII*[e] *siècle*, 1951, n° 11, pp. 69-92, 1952, n° 15, pp. 373-396.

Mesnard (Jean), *Blaise Pascal, Œuvres complètes*, Paris Desclée de Brouwer, t. I, 1964, t. II, 1970, t. III, 1991, t. IV, 1992.

Dans *Chroniques de Port-Royal*, n° 31, *Deux grandes figures d'Auvergne. Gilberte et Jacqueline Pascal*, Paris, 1982 :

– Cahné (Pierre). « Une école de "modestie" : le "Règlement pour les enfants" »,

– Delforge (Frédéric), « Le ministère pédagogique de Jacqueline Pascal »,

– Descamps (Geneviève), « Jacqueline et Gilberte Pascal, témoins de la conversion de Blaise »,

– Goyet (Thérèse), « Une poétesse de douze ans : Jacqueline Pascal »,

– Magnard (Pierre), « La spiritualité de Jacqueline Pascal »,

– Mesnard (Jean), « Gilberte et Jacqueline Pascal au pays d'Auvergne »,

– Picquenard (Thérèse), « Portrait dit de Jacqueline Pascal ».

Delforge (Frédéric), *Les petites écoles de Port-Royal, 1637-1660*, Paris, Cerf, 1985.

Reynes (Geneviève), *Couvents de femmes. La vie des religieuses cloîtrées dans la France des XVIIe et XVIIIe siècles*, Paris, Fayard, 1987.

Sonnet (Martine), *L'éducation des filles au temps des Lumières*, Paris, Cerf, 1987.

Vircondelet (Alain), *Le roman de Jacqueline et Blaise Pascal. La nuit de Feu*, Paris, Flammarion, 1989.

Timmermans (Linda), *L'accès des femmes à la culture (1598-1715). Un débat d'idées de Saint François de Sales à la Marquise de Lambert*, Paris, Honoré Champion, 1993.

Pouget (Régine), *Chronique des Pascal. « Les affaires du monde » d'Étienne Pascal à Marguerite Périer (1588-1733)*, Paris, Honoré Champion, 2001.

Table des illustrations

TABLE DES MATIÈRES

Chapitre III

Religieuse de Port-Royal de Paris, 1652-1659

Chapitre IV

Sous-prieure de Port-Royal des Champs, 1659-1661